MARCO POLO

ZÁKINTHOS

ITHÁKI, KEFALLONIÁ, LÉFKAS

Reisen mit **Insider Tipps**

W0407637

Auf Kefalloniá und Itháki gefallen mir die Wildheit der Natur, die rauen Berge und die schönen Dörfer. Auf Zákinthos ist es die elegante Stadt, und auf Léfkas sind es die Steilküsten und die vielen Buchten.

MARCO POLO Autor
Klaus Bötig
(siehe S. 123)

Spezielle News, Lesermeinungen und Angebote zu Zákinthos:
www.marcopolo.de/zakinthos

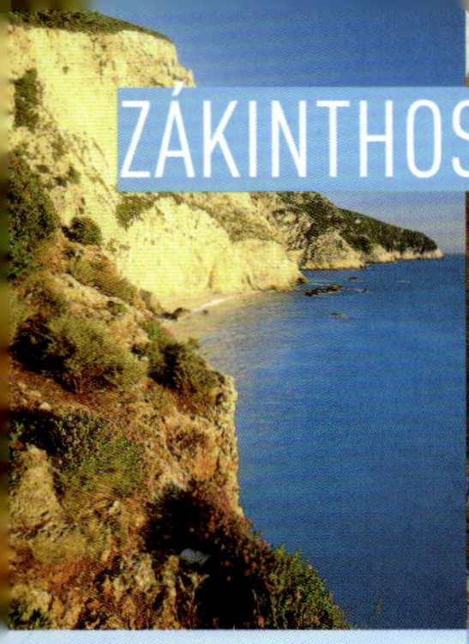

ZÁKINTHOS

> SYMBOLE

Insider Tipp **MARCO POLO INSIDER-TIPPS**
Von unserem Autor für Sie entdeckt

★ **MARCO POLO HIGHLIGHTS**
Alles, was Sie auf Zákinthos, Itháki, Kefalloniá und Léfkas kennen sollten

SCHÖNE AUSSICHT

WLAN-HOTSPOT

▶▶ **HIER TRIFFT SICH DIE SZENE**

> PREISKATEGORIEN

HOTELS

€€€ über 90 Euro
€€ 60–90 Euro
€ unter 60 Euro
Die Preise gelten für zwei Personen im Doppelzimmer mit Frühstück in der Saison

RESTAURANTS

€€€ über 16 Euro
€€ 12–16 Euro
€ unter 12 Euro
Die Preise gelten für ein Fleischgericht mit Beilagen, Salat und einem Viertel Wein vom Fass

> KARTEN

[110 A1] Seitenzahlen und Koordinaten für den Reiseatlas Zákinthos, Itháki, Kefalloniá und Léfkas
[0] außerhalb des Kartenausschnitts
Zu Ihrer Orientierung sind auch die Orte mit Koordinaten versehen, die nicht im Reiseatlas eingetragen sind

Karten zu Argostóli, Lefkáda und Zákinthos-Stadt sowie ein Lageplan zu Olympia im hinteren Umschlag

INHALT

> SZENE

S. 12–15: Trends, Entdeckungen, Hotspots! Was wann wo auf Zákinthos, Kefalloniá und Léfkas los ist, verrät der MARCO POLO Szeneautor vor Ort

> 24 STUNDEN

S. 88/89: Action pur und einmalige Erlebnisse in 24 Stunden! MARCO POLO hat für Sie einen außergewöhnlichen Tag auf Zákinthos zusammengestellt

> LOW BUDGET

Viel erleben für wenig Geld! Wo Sie zu kleinen Preisen etwas Besonderes genießen und tolle Schnäppchen machen können:

Itháki: günstige Grillgerichte genießen S. 34 | Kefalloniá: frischen Fisch futtern S. 42 | Léfkas: Zwei Glas Rotwein zwitschern, und man ist satt S. 58 | Zákinthos: billige Bootsfahrt in die Blauen Grotten S. 69

> GUT ZU WISSEN

Spezialitäten S. 26 | Meerwassermühlen S. 40 | Bücher & Filme S. 60 | Über 1000 Nester S. 72 | Blogs & Podcasts S. 100 | Aussprache und Alphabet mit Umschrift S. 104

AUF DEM TITEL

Traditionswein Robóla S. 42
Bootsfahrt in die Tropfsteinhöhle von Melissáni S. 44

ENTDECKEN SIE DIESE INSELN!

Unsere Top 15 führen Sie an die traumhaftesten Orte und zu den spannendsten Sehenswürdigkeiten

Die Highlights sind in der Karte auf dem hinteren Umschlag eingetragen

1 Arethoúsa-Quelle
Der Weg ist das Erlebnis: ein schmaler Pfad hoch über der Küste von Itháki. Den beschritt der Legende nach schon Eumaios, der Schweinehirte des Odysseus (Seite 32)

2 Kióni
Traumhaft schön liegt das Dorf auf Itháki direkt am Meer (Seite 33)

3 Ássos
Eine Burg, ein Dorf, eine Bucht mit kleinem Strand dazwischen – und die Kefalloniá-Idylle ist perfekt (Seite 39)

4 Fiskárdo
Viele Luxusyachten und ein Hauch von Côte d'Azur – das bietet Kefalloniás wohl schönster Ort (Seite 41)

5 Melissáni-Höhle
Eine lautlose Bootsfahrt im verzauberten, durch ein Loch in der Decke fallenden Licht einer Höhle auf Kefalloniá, die einst dem Hirtengott Pan heilig war (Seite 44)

6 Palíki-Halbinsel
Lange Strände und nur wenige Hotels in einer bizarren Landschaft mit Kreidefelsen, Tafelbergen aus Lehm und dazu einem tollen Kafeníon auf Kefalloniá (Seite 48)

7 Pórto Katsíki
Dieser Strand auf Léfkas ist so fotogen, dass die Griechen mit ihm weltweit für ihr Land als Urlaubsziel werben. Leider ist er in der Hauptsaison oft übervoll (Seite 54)

> DIE BESTEN MARCO POLO HIGHLIGHTS

8 Nikópolis
Stadtmauern, Tore, christliche Basiliken und ein Theater zeugen von der einstigen Größe der frühbyzantinischen Stadt auf Léfkas (Seite 60)

9 Bocháli
Ein schattiger Pinienwald in venezianischen Mauern auf Zákinthos und ein unvergleichliches Panorama (Seite 66)

10 Loúcha
Dorfidyll auf Zákinthos wie früher, das Sie in einer Taverne bei regionaler Küche genießen können (Seite 70)

11 Schiffswrackstrand (Navagíou)
Unglaubliche Wasserfarben vor einem einzigartigen Strand auf Zákinthos, den man nur per Boot erreicht (Seite 73)

12 Zákinthos-Museum
Kirchenkunst der Ionischen Inseln und ein Modell, das zeigt, wie die Stadt vor dem großen Erdbeben aussah (Seite 74)

13 Arékia
Eine urige Taverne auf Zákinthos mit exzellentem Essen, in der Sie abends typische zakinthische Kantádes hören können (Seite 80)

14 Olympia
Sehen Sie selbst den Ort, an dem die Olympischen Spiele ihren Ursprung haben (Seite 81)

15 Höhlenreiche Küste
Der beste Tauchspot der Ionischen Inseln liegt bei Límni Kerioú auf Zákinthos (Seite 93)

WAS FÜR TOLLE INSELN!

Steilküste auf Zakinthos

AUFTAKT

> Boote, die in blaue Grotten fahren. Einsame Buchten, in denen die Ionische See in allen erdenklichen Grün-, Türkis- und Blautönen schimmert. Weiße Felsen, die fast senkrecht ins Meer stürzen, und Olivenhaine, die bis ans Meer reichen. Schmucke Dörfer, alte Burgen, Badestrände: Zákinthos und seine Nachbarinseln sind wie für den Urlaub geschaffen. Schöne Städtchen laden zum Bummeln ein, kurvenreiche Straßen zu ausgedehnten Inselerkundungen. Zwei Nationalparks warten auf Besucher, alte Klöster dämmern vor sich hin. Weingüter bitten zu Verkostungen – und fast jeden Tag scheint im Sommer die Sonne.

> Zwischen dem Süden Albaniens und dem Nordwesten des Peloponnes liegt auf etwa 240 km Länge eine Kette von zwölf bewohnten Inseln dicht vor der Westküste Griechenlands. Othoní im Norden von Korfu ist Italien am nächsten, Zákinthos bildet den südlichen Abschluss der Reihe. Léfkas trennen nur wenige Kilometer vom griechischen Festland, seiner Ostküste sind zudem viele kleine Inseln vorgelagert; Itháki schmiegt sich an den Norden von Kefalloniá an. Die so entstandenen Meerengen erinnern mit grünen Ufern und den Bergen ringsum an liebliche oberitalienische Seen. Zum offenen Meer hin fallen die Inseln hingegen meist mit imposanten Steilküsten ab, vor denen auf Léfkas, Kefalloniá und Zákinthos feinsandige Strände angespült wurden. Im Inselinnern bilden Bergstöcke, die zu den höchsten der griechischen Inselwelt gehören, eindrucksvolle Landschaften.

Anders als viele Ägäische Inseln sind die Ionischen Inseln relativ grün. Weite Teile werden von uralten Olivenwäldern und -hainen bedeckt. Immer wieder ragen aus diesem in der Sonne silbrig glänzenden Blätterwald dunkle, schlanke Zypressen empor, die dem Auf und Ab der Hügel ein Flair gelassener Heiterkeit verleihen. Stellenweise sind dichte Pinien- und Kiefernwälder zu finden – und weit oben am Énos auf Kefalloniá gibt es sogar einen Tannenwald, der zum Nationalpark erklärt wurde. Kein Wunder, dass die Vielfalt dieser Landschaft viele Urlauber

> Kilometerlange Bänder aus feinstem Sand

zum Wandern verlockt. Manche wollen tiefer in die überraschende Welt abseits der Strände vordringen: Für sie gibt es insbesondere auf Kefalloniá schöne Tropfsteinhöhlen und vor allem auf Zákinthos eine Vielzahl von Meeresgrotten. Die meisten Feriengäste kommen freilich, um die Strände und das angenehm warme

Im ursprünglichen Inselinneren haben Schafe immer noch Vorfahrt – wie hier auf Kefalloniá

Meer zu genießen. Es gibt kilometerlange Bänder feinsten Sandes wie an der Bucht von Laganás auf Zákinthos oder auf der Palíki-Halbinsel von Kefalloniá, aber auch Kies- und Kieselsteinstrände, über die bei bewegter See donnernd die Brandung rollt. Viele Strände werden von Pinienwäldern oder Olivenhainen umrahmt. Auch Wassersportfans finden auf jeder der Inseln ihren Lieblingsstrand.

Korfu (ausführliche Informationen finden Sie im MARCO POLO Band „Korfu") ist die wirtschaftlich stärkste und bevölkerungsreichste Ionische Insel, aber nicht die einzige touristisch gut erschlossene. Auch Léfkas und Zákinthos werden im Sommer stärker vom Fremdenverkehr als vom ursprünglichen Inselleben geprägt. Auf Kefalloniá und Itháki hingegen spielt der Tourismus nur eine Nebenrolle. Auf beiden Inseln ist die Viehzucht wichtig, auf Kefalloniá, Léfkas und Zákinthos auch der Anbau von Wein und Oliven. Fischer gibt es zwar überall, doch können sie nicht einmal den Bedarf der Einheimischen decken.

Ausgrabungen von überregionaler Bedeutung gibt es nicht – wegen ihrer Randlage waren die Ionischen Inseln in der Antike keine wesentlichen Schauplätze. Im Mittelalter gehörten sie erst wie das übrige Hellas zu Byzanz, dann zu Venedig. Den Venezianern haben es die Ionischen Inseln zu verdanken, dass sie mit Ausnahme des festlandsnahen Léfkas nie unter türkische Herrschaft gerieten – anders als das übrige Griechenland, das bis zu 450 Jahre lang dem Sultan untertan war. So gibt es hier keine türkisch-orientalischen Einflüsse; nirgends stehen Moscheen oder Minarette. Statt hölzerner Erker sind Arkadengänge und vielgeschossige Mietshäuser typische Elemente der ionischen Architektur. Der Volksmusik fehlt die orientalische Fremdheit der ägäischen Klänge – und selbst in der bildenden Kunst sind die Ionischen Inseln eigene Wege gegangen. Während das übrige Griechenland im 16. Jh. mit Ausnahme des ebenfalls venezianischen Kreta unter osmanischer Herrschaft stand, richteten sich die Künstler auf den Ionischen Inseln am Geschmack Italiens aus, gingen dort in die Lehre und arbeiteten in italienischen Werkstätten. Als im 17. Jh. auch Kreta türkisch wurde, zogen viele kretische Künstler auf die Ioni-

> Die Ionischen Inseln sind westlich geprägt

WAS WAR WANN?

Geschichtstabelle

1400 v. Chr. Durch die Mykener werden die Inseln, auf denen man bis zu 50000 Jahre alte Siedlungsspuren fand, erstmals griechisch besiedelt

734 v. Chr. Gründung einer korinthischen Kolonie auf Korfu

229 v. Chr. Als erste griechische Stadt unterwirft sich Korfu Rom

395–1204 Oströmisch-byzantinische Zeit. Die Ionischen Inseln werden von Konstantinopel aus regiert. Im 12. Jh. kommt es zu normannischen Überfällen; Zákinthos und Kefalloniá sind 100 Jahre lang Teil des Königreichs Sizilien

1204 Die Venezianer veranlassen die Teilnehmer am vierten Kreuzzug zur Eroberung Konstantinopels. Die Ionischen Inseln werden unter verschiedene italienische Adelsgeschlechter aufgeteilt

1386 Die Venezianer übernehmen Korfu, 1482 Zákinthos, 1500 Kefalloniá und 1503 Itháki. Léfkas hingegen wird 1467 türkisch und fällt erst 1684 an Venedig

1815–64 Die Ionischen Inseln werden unabhängige Republik unter dem Protektorat Großbritanniens, das die Inseln allerdings wie eine Kolonie verwaltet

1864 Anschluss an Griechenland

1941–44 Die Ionischen Inseln werden von italienischen und deutschen Truppen besetzt

1953 Schweres Erdbeben

1967–74 Militärdiktatur in Griechenland

1975 Abschaffung der Monarchie und Errichtung einer modernen Demokratie

2004 Griechenland richtet die Olympischen Sommerspiele aus

schen Inseln und gerieten so unter westlichen Einfluss: Es entstand der Kunststil der Ionischen Schule. Den besten Überblick darüber bekommen Sie im Zákinthos-Museum.

Neben Venedig hat aber auch England dazu beigetragen, dass sich die Ionischen Inseln vom übrigen Hellas unterscheiden. Napoleon hatte Venedig 1797 besiegt und noch im gleichen Jahr die Inseln unter französische Herrschaft gestellt. In den nächsten Jahren waren sie wechselnden Herren – Frankreich, Russland und England – untertan, bis sie 1815 auf dem Wiener Kongress als „Republik der sieben Inseln" zum britischen Protektorat deklariert wurden. In den 49 Jahren, in denen das Vereinigte Königreich mittels eines Lord Hochkommissars die Inseln mehr als Kolonie denn als Schutzgebiet behandelte, entstand die Grundlage für das gute Straßennetz des Archipels und für die moderne Trinkwasserversorgung der Städte. Trotz aller fremden Einflüsse sind die Ionischen Inseln ein echtes Stück Griechenland. Die Insulaner hatten sich immer wieder gegen die ausländischen Herren erhoben, unterstützten die übrigen Griechen trotz britischen Verbots 1821–29 in ihrem Freiheitskampf gegen die Türken und drängten anschließend auf einen Anschluss ihrer Inseln an das freie Hellas. 1864 war es so weit: Korfu und die anderen Ionischen Inseln wurden mit dem Mutterland vereint.

In beliebten Badeorten lässt sich typisch griechisches Leben heutzutage im Sommer nicht mehr überall finden. Sie sind internationalisiert, werden im August von Italienern und in den übrigen Sommermonaten von Niederländern, Briten und Deutschen beherrscht. Traditionelleren Charakter haben da schon die Städte – und vor allem die Dörfer im Inselinnern. Wenn Sie im Dorf zunächst in einem der Kaffeehäuser an der Platía Platz nehmen, sind Sie nach einer Stunde schon kein Fremder mehr, da die meisten Bewohner viele Male am Tag zum Dorfplatz kommen. Danach verläuft der Bummel durch den Ort ganz anders, man gehört schon fast dazu. Vom Kaffeehaus aus lässt sich zudem der dörfliche Lebensrhythmus am besten beobachten. Man erblickt Bauern und Bäuerinnen, die mit Esel oder Maultier auf ihr Feld ziehen, sieht Kinder in Schuluniformen, vernimmt durchreisende Roma unüberhörbar ihre Waren durch den krächzenden Lautsprecher auf ihrem Kleintransporter anpreisen, hört alte Männer diskutieren und kann beobachten, wie sie Távli (eine Art Backgammon), Karten oder Dame spielen.

Städtischer Trubel auf der Platía Solomoú in Zákinthos-Stadt

> *Typisch griechisches Leben findet man in den Dörfern*

Zum Kennenlernen des noch nicht vom Tourismus geprägten Griechenlands gehören aber auch ein Spaziergang durch die Olivenhaine und eine Mußestunde an einem Fischerhafen. Wer dann vom Griechenland-Bazillus erfasst worden ist, kann erwägen, einmal aufs Hotel zu verzichten und eine Nacht in einem stillen Bergdorf zu verbringen.

WAS IST ANGESAGT?

Trends, Entdeckungen und Hotspots! Unser Szene-Scout zeigt Ihnen, was auf Zákinthos, Kefalloniá und Léfkas los ist

Nicole Wagenstetter
arbeitet seit ihrem Amerikanistik-Studium als Übersetzerin und Journalistin in München. Als Halbgriechin kennt sie ihre zweite Heimat wie ihre Westentasche. Wenn unser Szene-Scout nicht gerade seine Familie in Thessaloniki besucht, reist er am liebsten von Insel zu Insel und genießt das griechische Laissez-faire. Am meisten fasziniert Nicole die Hauptstadt Athen mit ihrer alternativen Mode- und Musikszene!

UNTERWASSERABENTEUER

Nachttauchen

Kefalloniá ist eines der beliebtesten Tauchgebiete im Ionischen Meer. Zahlreiche Grotten und Unterwasserhöhlen locken vor allem erfahrene Taucher in die Unterwasserreviere. Das Team von *Aquatic Efimia* steuert nachts alte Schiffswracks an – da kommt Abenteuer-Feeling auf *(Aquatic World, Ágia Evfimía, Kefalloniá, www.aquatic.gr)*. Der *Nautilus Diving Club* hat sich auf Nachttauchen und Unterwasserfotografie spezialisiert. Die Motive sind fremdartige Meerestiere und Fische, die nachts leuchten *(Vassilikí, Léfkas, www.underwater.gr)*. Neben Rochen und Schildkröten, die am Tauchspot Dáfni fotogen in die Kamera gucken, ist das Unterwasser-Highlight ein gesunkenes Motorrad. Nach dem Tauchgang lädt die hauseigene Taverne zum Chillen ein *(Taverne Tzanetos, Límni Kerioú, Zákinthos, www.tauchen-limni-keriu.de,* Foto*)*.

SZENE

▶▶ JA, ICH WILL!

Big Fat Greek Wedding

Heiraten in den pittoresken kleinen Kirchen oder an den Traumstränden der Inseln boomt. Nicht nur die Einheimischen entscheiden sich für eine Inselhochzeit, auch Paare aus der ganzen Welt entdecken die Vorteile! Für einen reibungslosen Ablauf sorgen die Weddingplaner, wie *Mouikis* auf Kefalloniá, deren Dauerbrenner unter Heiratswilligen die Kapelle in Lakíthra ist *(www.anthios.com)*. Die Planer von *Zante Wedding* organsieren neben Trauungen auf dem Schiff auch romantische Kutschfahrten am Strand *(www.zanteweddings.com,* Foto*)*. Im Weddingpaket von *Zakynthos Wedding* enthalten: Catering direkt am Meer, Luxushotel und Oldtimer *(www.zakynthosweddings.com)*. Die Tage nach der Hochzeit verbringen Honeymooner am besten im *Aggelios Paliokaliva Village (Aggelios Paliokaliva, Tsiliví, Zákinthos, www.aggelosvillas.gr)*.

▶▶ CRAZY CLUBS

Party Hotspot

Was in den Clubs von London und Manchester angesagt ist, gibt's auch in Laganás und Argássi auf Zákinthos zu hören. Regelmäßig stehen hier britische Top-DJs hinter den Plattentellern. Als Hotspot an der Amüsiermeile Bar Street in Laganás gilt die *Rescue Bar (www.rescueclub.net,* Foto*)*, der größte Club der Insel mit Platz für 1200 Gäste allein in der Main Area. Im *Cherry Bay Beach Club (www.laganasnights.com)* gleich nebenan sitzt der DJ im Speedboat, zur Abkühlung gibt's Gemeinschaftsduschen unisex. Schick geht es im *Argássi* zu. Auf der Straße Richtung Inselhauptstadt liegen der Club *Zero (www.zerossclubzante.com)* und der *Barrage Club (www.barrage.gr)* – die Trendsetter.

KLEIN UND FEIN

Art-Hotels in schönster Lage

Boutique-Hotels erobern die Inseln. Moderne griechische Kunst, internationales Design wie von Philippe Starck oder Tom Dixon und ein ostmediterraner folkloristischer Touch sorgen für exklusives Ambiente. Auf Kefalloniá steht das *Hotel Emelisse* auf einer grünen Halbinsel gleich am mondänen Yachttreff Fiskárdo. Feine Textilien, grandiose Poolterrassen und immer wieder überraschende Lichteffekte sorgen für edelstes Ambiente *(Emelisse Bay, www.arthotel.gr/emelisse,* Foto*)*. Clean, schick und elegant ist auch das Hotel *The Bay (Vassilikós, Zakinthos, www.thebay.gr)*. Das Design der Steinvillas des *Pavezzo Country Retreat* setzt auf rustikalen Country-Schick. Tipp: das hauseigenen Hamam mit Entspannungsliegen im Olivenhain – einfach traumhaft *(Lefkáda, Léfkas, www.pavezzo.gr)*.

MITARBEIT ERLAUBT

Farmhausurlaub für Aktive

Immer mehr Zákinthos-Urlauber wollen mit anpacken. Ob bei der Weinlese oder der Olivenernte – Hilfe ist auf den Höfen immer willkommen. Außerdem mit im Angebot: Obst pflücken, Marmelade kochen, Käse herstellen oder Tiere füttern. In Vassilikós auf der rund 700 ha großen *Logothétis Biofarm* können Interessierte ihre Hilfsbereitschaft unter Beweis stellen *(www.logothetisfarm.gr)* oder einfach nur die wunderschöne Natur und das gute Essen genießen. In den *Lithiés Traditional Houses* erklären die Bauern unter anderem, wie Honig hergestellt wird *(www.lithieshouses.gr,* Foto*)*. Nach der Farmarbeit wird am wenige Hundert Meter entfernten Strand in der Abendsonne der Feierabend eingeläutet.

EDLE TROPFEN

Winzer mit Anspruch

Zákinthos' kleine Privatkellereien kreieren moderne Weine, die ankommen. Auf Kefalloniá gedeihen die Trauben besonders gut, und die Winzer öffnen ihre Güter zu Besichtigungen und Verkostungen. Vornehm und edel geht es auf dem Weingut *Gentilini* zu *(Miniés, Kefalloniá, www.gentilini.gr)*. Das junge Weingut *Foivos* auf Kefalloniá ist erst seit 10 Jahren im Geschäft, steht aber seinen Inselkonkurrenten in nichts nach und erhielt bereits diverse Auszeichnungen *(Vouní, Paliki Kefalloniá, www.domainefoivos.com, Foto)*. Und auch in Pessáda auf dem Weingut *Kava Divino* keltern charmante Winzer einen hervorragenden Wein *(Tel. 26 71 06 91 90)*.

STEPPTANZ STATT SIRTAKI

Hier steppt der Grieche

Griechenland ohne Sirtaki ist schwer vorzustellen, doch jetzt erobert noch ein weiterer Tanz die Inseln. Steppen ist angesagter denn je. Erst seit Kurzem findet das *Tapmotif Island Festival* auf Léfkas statt, ein Stepptanzfestival mit Workshops und Aufführungen *(www.tapmotif.net)*. Mit dabei die international renommierte Lehrerin Heather Cornell *(www.manhattantap.org)*. Während der Festivalzeit sind die Strände Treffpunkt für Tap Jam Sessions. Das Kulturzentrum *ARTiria* in der Marina von Lefkáda verwandelt sich in den Sommermonaten zum Tanzstudio – aktuelle Termine unter *www.artiria.gr*.

BEACHBARS MIT FLAIR

Reminiszenz des 70er-Jahre-Looks

Statt Robinson-Feeling setzen Strandgänger auf Komfort. Der Clou: Die neuen Bars locken mit durchgestylten Lokalen im Seventies-Look à la Austin Powers. So auch in der bunten *Buca Bar*: das gelb-rosa-pinke Mobiliar erinnert fast an das Flair von Miami *(Alikés, Zákinthos, www.bucabar.gr)*. Direkt am Skála Beach in Kefalloniá liegt das *Pikiona*. Die Bar hat sogar einen eigenen Pool und ist ganz in Weiß und Orange gehalten mit großen roten Lampenschirmen. Trotz Strandlage sind die Pooltables heiß begehrt *(Skála Beach, Kefalloniá, www.pikiona.gr)*.

VON AGÍA BIS RELIGION

Was Sie zum Verständnis von Geschichte und Gegenwart der Ionischen Inseln wissen sollten

AGÍA, ÁGIOS

Die Wörter *Agía, Ágii* und *Ágios* begegnen Reisenden immer wieder. Sie sind Teil von Orts- und Kirchennamen, kommen in den Namen von Fischerbooten und Autofähren vor. *Agía* heißt Heilige, *Ágios* Heiliger, *Ágii* ist die Mehrzahl von beiden. Der Gottesmutter Maria gebührt ein besonderer Ehrenname. Sie ist die *Panagía,* die Allheilige.

Bild: Kloster Ágios Gerássimos auf Kefalloniá

BYZANZ

Byzanz ist heute kaum noch einem Europäer ein Begriff – dabei steht der Name für ein Reich, das 1000 Jahre lang bestand und antike Werte und Errungenschaften für die ganze Welt ins hohe Mittelalter hinüberrettete.

Byzanz wurde 1453 von den Türken erobert und in Istanbul umbenannt. Griechen aus Megará bei Athen hatten die Stadt als Byzantion

STICH WORTE

um 660 v. Chr. gegründet; Kaiser Konstantin verlegte 330 die Hauptstadt des Reichs hierher. Als Kaiser Theodosius 395 das Imperium teilte, wurde die Stadt, jetzt Konstantinopel genannt, zum Zentrum des Oströmischen Reichs.

Während Rom und das Weströmische Reich im 5. Jh. unter den Angriffen der Westgoten, Vandalen und Hunnen untergingen, konnten die oströmischen Kaiser ihr Reich halten und ausbauen. Unter Kaiser Justinian I. (527–565) erstreckte es sich bis nach Italien, Nordafrika und weit nach Kleinasien hinein. Die Ionischen Inseln waren bis zum frühen 12. Jh. ein Teil dieses Imperiums.

EINWOHNERZAHL

Korfu ist mit 112 000 Bewohnern die bevölkerungsreichste ionische Insel. Zákinthos zählt 39 000 Bewohner,

Kefalloniá 36 000. Auf Léfkas leben 22 500 Menschen, auf Itháki 3000. Größte Stadt ist Kérkira auf Korfu mit 28 000 Ew., gefolgt von Zákinthos (11 000 Ew.), Argostóli auf Kefalloniá (9000 Ew.) und Lefkáda (7000 Ew.).

ERDBEBEN

Leichte Erdbeben sind auf den Ionischen Inseln häufig. Ein katastrophales Beben suchte die südlichen Eilande vom 9. bis 12. Aug. 1953 heim. Auf Zákinthos wurden dabei 94 Prozent, auf Kefalloniá 91 Prozent und auf Itháki 70 Prozent aller Häuser zerstört. Darum sind auf diesen Inseln so wenige Dörfer mit traditioneller Architektur zu finden.

FAUNA

Hunde und Katzen sind die Tiere, denen Urlauber am häufigsten begegnen. Wild lebende Säugetiere hingegen sind selten geworden. Es soll noch Kaninchen, Füchse, Marder, Igel und Wiesel geben. Reichhaltiger ist die Vogelwelt, zu der Elster und Pirol, Wiedehopf und Eichelhäher, Kuckuck, Schwalben und Steinkauz gehören. In einsameren Bergregionen sieht man noch Bussarde und Falken, an flachen Küsten Reiher. Schlangen trifft man gelegentlich auf Wanderungen. Giftig ist nur die Sandotter, ungiftige Arten sind Zorn-, Schlank- und Eidechsennatter. Landschildkröten sind häufig, Skorpione selten. Das Meer ist durch Überfischung und Dynamitfischerei ziemlich ausgebeutet, sodass die Fischpreise hoch sind. Delphine werden bisweilen gesichtet; Zwischenfälle mit Haien sind nicht bekannt.

FLORA

Olivenbäume und Zypressen sind die markantesten Bäume der Ionischen Inseln. An Flussläufen sieht man mächtige Platanen, der typische Alleebaum ist der Eukalyptus, an sandigen Meeresufern fühlt sich die widerstandsfähige Tamariske am wohlsten. Weite Flächen nicht mehr bebauten Landes werden von der *phrygana* eingenommen, einem Mischbewuchs aus Ginster, Salbei, Schopflavendel, Thymian, Oregano und Zwergwacholder. Am Gebirgsstock des Énos wächst die hier beheimatete dunkle Kefalloniá-Tanne. Neben den bekannteren Obstsorten wird in den Gärten auch gern die vielkernige Mispel angebaut; Wein gedeiht überall, insbesondere auf Zákinthos und Kefalloniá.

IKONEN

Darstellungen von Heiligen und biblischen Ereignissen auf Tafelbildern nennt man in der orthodoxen Kirche Ikonen. Man findet sie in allen Gotteshäusern, aber auch in Privatwohnungen und Fahrzeugen. Ikonen sind etwas ganz anderes als fromme Bilder in unseren Kirchen. Sie sind „Tore zum Himmel“. Sie bringen den Heiligen ins Haus, machen ihn präsent. Deswegen genießen sie große Verehrung, werden geküsst und mit Edelmetall, bestickten Vorhängen, Edelsteinen, Ringen und Uhren geschmückt. Ikonen gelten als Konsulate des Himmels auf Erden und werden behandelt, als wären sie der oder die Heilige selbst.

JAGD

Viele griechische Männer sind leidenschaftliche Jäger. Nach einer Schätzung des griechischen Tierschutzvereins gehen jährlich fast 400 000 Männer auf die Jagd, viele von ihnen illegal. Jagdschutzgesetze sind zwar vorhanden, werden jedoch kaum beachtet. So treffen sich in jedem Frühjahr Jäger aus dem ganzen Land auf Zákinthos. Allein auf dieser Insel sind 13 000 Jagdwaffen offiziell registriert, in Wirklichkeit aber über 30 000 vorhanden.

KIOSKE

Kioske, auf griechisch in der Einzahl *períptero* genannt, stehen auf jedem Platz und in Städten und Dörfern an den meisten größeren Kreuzungen. Üblicherweise sind sie jeden Tag von frühmorgens bis spätnachts geöffnet und bieten alles feil, was dringend gebraucht werden könnte: Zigaretten und Rasierklingen, Zahnbürsten und Kämme, einzelne Aspirintabletten, Kondome und vieles mehr.

KOMBOLÓI

Vor allem ältere Männer spielen gern mit einem *kombolói* (Aussprache: Komboläu), einem Kettchen ähnlich dem Rosenkranz. Es hat jedoch keine religiöse Bedeutung, sondern dient dem Zeitvertreib. Wahrscheinlich haben es die Griechen in Abwandlung der türkisch-islamischen Gebetskette übernommen. Sie reduzierten dabei

Praktisch: Mit Netzen werden die reifen Oliven aufgefangen

freilich die Zahl der Perlen auf zumeist 13 oder 17.

LOSVERKÄUFER

Losverkäufer gehören zum griechischen Straßenbild wie orthodoxe Priester oder Kioske. Zwei Losarten stehen zur Wahl: Rubbellose mit sofortigem Gewinnentscheid und Lose der Staatslotterie, deren Gewinnnummern montagabends gezogen werden.

ODYSSEUS

Itháki gilt als Heimat des Odysseus, Held der „Odyssee“, des über 2700 Jahre alten berühmten Epos, das dem sagenhaften Dichter und Sänger Homer zugeschrieben wird. Odysseus nahm als König von Ithaka am Krieg um Troja teil, den Homer in seinem anderen Epos, der „Ilias“, beschrieb. Nach Kriegsende begab sich der Held mit seinen Gefährten an Bord der Schiffe, die sie zurück nach Ithaka bringen sollten. Die Heimfahrt dauerte jedoch zehn Jahre, als Einziger kam Odysseus dort an.

Homer machte ihn unsterblich: Büste des Odysseus in Stavrós auf Itháki

Zunächst segelte Odysseus mit seinen Mannen zur thrakischen Stadt Ismaros und plünderte sie. Bei den Lotosessern vergaßen die Gefährten dann die Heimfahrt und konnten von Odysseus nur gewaltsam zurück an Bord gezwungen werden. Der einäugige Riese Polyphem verschlang später zwei seiner Männer. Auf der Insel des Windgottes Äolos schenkte der Gott Odysseus einen Windschlauch, in dem er alle widrigen Winde einfangen konnte. Doch als Ithaka schon in Sicht war, öffneten einige der Gefährten neugierig den Schlauch – die Flotte wurde zu den Lästrygonen abgetrieben. Die zerstörten alle Schiffe bis auf das des Odysseus und verschlangen viele der Ithaker. Die Übriggebliebenen gelangten mit ihrem König zur Insel der Zauberin Kirke, die viele von ihnen in Schweine verwandelte, ihnen auf Drängen des Odysseus dann aber wieder menschliche Gestalt gab.

Nachdem die Überlebenden dem lockenden Gesang der Sirenen entgangen waren, weil Odysseus ihnen Wachs in die Ohren stopfte und sich selbst am Mast festband, tötete das sechsköpfige Ungeheuer Skylla sechs der Irrfahrer; auf der Insel Thrinakia schließlich vernichtete Gott Zeus alle Gefährten des Odysseus, weil sie die heiligen Kühe des Sonnengottes Helios verspeist hatten. Odysseus segelte allein davon, kam zur Nymphe Kalypso, die ihn sieben Jahre lang liebevoll gefangen hielt. Dann war sie bereit, ihn ziehen zu lassen. Odysseus gelangte als Schiffbrüchiger nach Korfu, wo ihm der Herrscher der dort lebenden Phäaken ein Boot überließ, mit dem er nach zehnjähriger Irrfahrt endlich wieder in die Heimat gelangte. Dort regierte er noch lange seine Insel.

RELIGION

Fast alle Griechen bekennen sich zum griechisch-orthodoxen Christentum. Die Frömmigkeit ist besonders auf dem Land noch groß.

Urlaubern fallen zunächst die Kirchen und die vielen kleinen Kapellen auf, die anders aussehen als bei uns. Manche sind im byzantinischen Stil über kreuzförmigem Grundriss mit Kuppel erbaut, andere folgen dem italienisch beeinflussten Stil mit hallenartiger Kirche und hohem, frei stehendem Glockenturm, nirgends jedoch gibt es Statuen, Beichtstühle und Weihwasserbecken, wie sie in römisch-katholischen Kirchen üblich sind.

Überall auf den Ionischen Inseln begegnet man orthodoxen Priestern. Sie tragen auch im Alltag lange, dunkle Gewänder, einen üppigen Bart und eine Kopfbedeckung, unter der nur ein mehr oder minder langer Zopf herausschaut. Die orthodoxen Geistlichen dürfen vor der Priesterweihe heiraten und haben oft große Familien. Sie werden vom Staat bezahlt.

Orthodoxe Gottesdienste dauern häufig zwei oder drei Stunden. Nur wenige Kirchenbesucher harren so lange aus. Es herrscht ein ständiges Kommen und Gehen, man plaudert auch während des Gottesdiensts gelegentlich miteinander. Dessen Hauptmerkmal ist der Wechselgesang der täglich unterschiedlichen Liturgie, die vom Priester und einigen Laien zelebriert wird. Ein wichtiges Ritual in griechischen Kirchen ist das Küssen der Ikonen.

Die orthodoxen Christen erkennen den Papst nicht als Oberhaupt der Christenheit an. Zur offiziellen Kirchenspaltung, dem Schisma, kam es im Jahr 1054, weil die Orthodoxen glauben, dass der Heilige Geist nur von Gottvater ausgeht, während die „Papisten" verkündeten, er ginge von Vater und Sohn zugleich aus.

HÖHEPUNKT IST DAS OSTERFEST

Zu vielen kirchlichen Feierlichkeiten gesellt sich eine Reihe von Kulturfestivals

> Auf den südlichen Ionischen Inseln werden viele Kirchweihfeste mit traditioneller Musik, Tanz und gutem Essen gefeiert. Kommunen und Vereine sorgen dafür, dass vor allem im Sommer auch die Kultur nicht zu kurz kommt. Festivals werden nicht nur für die Urlauber veranstaltet, sondern sollen auch den vielen griechischen Besuchern einen Eindruck vom kulturellen Rang der jeweiligen Insel vermitteln. Das wichtigste Fest im Jahresverlauf ist aber Ostern. Wie alle beweglichen kirchlichen Feste richtet sich der Termin nach dem julianischen Kalender. Ostern kann darum bis zu fünf Wochen später als bei uns liegen.

GESETZLICHE FEIERTAGE

1. Jan. *Neujahr;* **6. Jan.** *Epiphanias;* **Rosenmontag** *(14. Feb. 2010, 6. März 2011);* **25. März** *Nationalfeiertag;* **Karfreitag** *(1. April 2010, 21. April 2011);* **Ostern** *(3./4. April 2010, 23./24. April 2011);* **1. Mai** *Tag der Arbeit;* **21. Mai** *Nationalfeiertag der Ionischen Inseln;* **Pfingsten** *(7./8. Juni 2009, 22./23. Mai 2010, 11./12. Juni 2011);* **15. Aug.** *Mariä Entschlafung;* **28. Okt.** *Nationalfeiertag;* **25./26. Dez.** *Weihnachten*

FESTE UND VERANSTALTUNGEN

Februar/März

Faschingssonntag: Karnevalsumzüge in allen Inselhauptstädten. Am schönsten in Zákinthos-Stadt.

April–Juni

Karfreitag: Morgens wird in allen Kirchen das symbolische Grab Christi mit Blumen geschmückt. Abends Prozession in allen Orten.

Ostersamstag: Ostermesse ab 23 Uhr, zu der fast alle Griechen gehen. Kurz vor Mitternacht erlöschen in den Kirchen die Lichter. Gegen 24 Uhr verkündet der Priester die Auferstehung Christi. Die Kirchenbesucher entzünden mitgebrachte Kerzen. Die Jugend veranstaltet ein lautstarkes Feuerwerk.

Ostersonntag: Überall drehen sich Lämmer und Zicklein am Spieß. Nach dem

> EVENTS FESTE & MEHR

Mittagsmahl wird im familiären Rahmen gefeiert.
Ostermontag: Großes Kirchweihfest in Kerí auf Zákinthos.
21. Mai: Tag der Vereinigung der Ionischen Inseln mit Griechenland und Namenstag für all die vielen Griechen, die Konstantínos (Kóstas) oder Élena heißen. Feiern in allen Inselhauptstädten.
Pfingstmontag: Kirchweihfest in Macherádo auf Zákinthos.

Juli–September

Anfang Juli bis 25. August: Kultursommer in Argostóli auf Kefalloniá und in den Dörfern der Umgebung mit Theateraufführungen, Konzerten aller Art und Folkloredarbietungen.
Juli und August: Valaorítia-Festival in Nidrí auf Léfkas mit Konzerten und Folkloredarbietungen. An mehreren Abenden auch eine *varkaróla,* eine Art romantische Bootsprozession mit Musik.

Insider Tipp

7. Juli: Kirchweihfest in Nidrí auf Léfkas.
17. Juli: Kirchweihfest in Exógi im Norden von Itháki mit Musik und Tanz.
20. Juli: Kirchweihfest in Engloúvi auf Léfkas und in Kióni auf Itháki mit Musik, Tanz und vielen Lämmern am Spieß.
27. Juli: Kirchweihfest in Pigadákia auf Zákinthos.
5./6. August: Großes Kirchweihfest im Stavrós auf Itháki.
15. August: Das größte Kirchweihfest des Sommers wird in vielen Dörfern gefeiert, z. B. in Vassilikí auf Léfkas und in Lixoúri auf Kefalloniá.
Zweite Augustdekade: An einem Abend wird im Bergdorf Kariá auf Léfkas eine traditionelle lefkadische Hochzeit nachgestellt und anschließend kräftig wie in alten Tagen auf dem Dorfplatz gefeiert.
24. August: Großes, auch von vielen Festlandsgriechen besuchtes Fest des Inselheiligen in Zákinthos-Stadt. Ab ca. 19 Uhr feierliche Prozession mit Feuerwerk, danach Volksfest auf den Straßen und in den Tavernen.
Ende August/Anfang September: Kulturfest unter dem Motto „Odysseus und Homer" in Vathí auf Itháki mit Konzerten und Kunstausstellungen.

> TAFELN WIE DIE GRIECHEN

Gesellschaft, Atmosphäre und Ambiente sind in Griechenland wichtiger als ausgefeilte Kochkunst

> Griechische Restaurants und Tavernen sind kein Paradies für Feinschmecker. Gourmettempel wie in Frankreich oder Italien sucht man in Hellas vergebens. Die griechische Küche ist bodenständig geblieben, kommt ohne Raffinessen aus und kann dabei doch äußerst schmackhaft sein. Denn auf gute und frische Zutaten legen die Griechen Wert.

Die Auswahl an Lokalen ist auf allen Inseln riesig. Viele sind bereits ab 9 Uhr morgens geöffnet und bieten dann ein üppiges englisches Frühstück und diverse Variationen von Omeletts an.

Die meisten griechischen Speiselokale kennen keine Ruhezeiten und servieren durchgehend von mittags bis Mitternacht, was die Gäste wünschen. Für den kleinen Hunger gibt es nicht nur eine stetig zunehmende Zahl moderner Snackbars amerikanischen Stils, sondern auch immer noch viele kleine Grillbuden.

Bild: Taverne in Zákinthos-Stadt

ESSEN & TRINKEN

TAVERNEN

Als Taverne bezeichnet man ein traditionelles, als Restaurant ein nach westlichen Vorbildern mehr oder minder modern gestaltetes Speiselokal. Echte Tavernen sind immer einfach. Man sitzt an Holz- oder Blechtischen, die meist nur mit einem Plastiktuch oder einem sehr einfachen Stofftuch bedeckt sind. Um das zu schonen, spannt der Kellner noch eine Papierdecke darüber. Er bringt unaufgefordert einen Korb mit Weißbrot – das auf jeden Fall bezahlt werden muss –, kleine Papierservietten und billige Blechbestecke.

Die Gäste haben vorher in der Küche oder am Warmhaltetresen geschaut, was es gibt; zusätzlich kann man den Kellner nach seinen Empfehlungen fragen. Speisekarten nehmen Griechen fast nie zur Hand, denn sie sagen nichts über die Qualität der Gerichte aus. Für Ausländer gibt es sie natürlich. Man bestellt am Tisch immer mehrere Gerichte gemeinsam. Der Kellner bringt dann alles auf einmal. Eine bestimmte Reihenfolge oder gar Menükomposition kennen Griechen nicht. Vorspeisen, Salate und Hauptgerichte, ob warm oder kalt, werden gleichzeitig auf den Tisch gestellt. Wer das verhindern will, muss jeden neuen Gang einzeln bestellen. Alle Teller gehören allen. Jeder nimmt sich, wonach es ihn gelüstet. Der Wein schimmert in kleinen Wassergläsern, man prostet einander zu: „Stin ijía mas" – auf unsere Gesundheit!

> SPEZIALITÄTEN

Genießen Sie die typisch ionische Küche!

békri mesé – eine Art Schweinegulasch mit Paprikagemüse in einer leicht pikanten Soße
bourdéto – Fisch- oder (seltener) Fleischgericht in einer roten, leicht scharfen Soße. Als Vorspeise meist mit *galéo* (Glatthai) zubereitet, als Hauptgericht mit *skórpios* (Skorpionfisch) oder *pastanáka* (Stachelrochen)
briám – Ratatouille
chtapódi ksidáto – in Essig und Öl eingelegter Krake (Foto)
fasoláda – Bohnensuppe

jemistés – mit Reis und Hack gefüllte Paprikaschoten, Tomaten oder Auberginen
jouvétsi – überbackene, Reis ähnlich sehende Weizennudeln mit Rindfleisch
karidópitta – Walnusskuchen
kléftiko – mit Kartoffeln im Backofen gegartes Lamm- oder Ziegenfleisch
kreatópitta – in Blätterteig ausgebackenes Fleisch
láchanodolmádes – kleine Kohlrouladen in Ei-Zitronen-Soße
loukanikópitta – Würstchen im Schlafrock
márides – knusprig ausgebackene Sardellen, die man mit Haut und Gräten, Kopf und Schwanz verzehrt
pastitsáda – Schmorfleisch mit Nudeln in einer gut gewürzten Tomatensoße
patsária – Rote Bete, gekocht und mit Blättern serviert
revithókeftédes – Reibekuchen aus Kichererbsenmehl
rewáni – Grießkuchen
riganáda – eine Art Zwieback mit einem Aufstrich aus Olivenöl, Ziegenkäse, Tomaten, Oliven und Oregano
savóro – marinierte, mit Korinthen verfeinerte Sardinen, heiß oder kalt serviert
sofríto – geschmortes Fleisch mit Reis in einer mit Knoblauch gewürzten Weißweinsoße
stifádo – meist Rind-, manchmal aber auch Kaninchengulasch mit Zwiebelgemüse in einer mit Zimt gewürzten Tomatensoße

Als Nachtisch gibt es in echten Tavernen bestenfalls Obst. Auch Kaffee wird hier nur selten serviert. Die Rechnung wird immer für die gesamte Tischgemeinschaft zusammen ausgestellt; bei Ausländern bemüht man sich inzwischen, auch darauf einzugehen, wenn sie getrennt zahlen möchten. Meeresfrüchte und frischer Fisch werden häufig nach Gewicht berechnet. Der Preis in der Speisekarte ist oft ein Kilopreis. Um unliebsame Überraschungen zu vermeiden, empfiehlt es sich, beim Abwiegen dabeizusein und sofort nach dem Preis zu fragen.

Frische Vorspeisen, Oliven und ein Weinchen – das ist Griechenland!

OUZERÍ UND KAFENÍON

Traditionelle griechische Lokale sind auch die *ouzeríes.* Die meisten Einheimischen trinken hier kleine Karaffen oder Fläschchen des Nationalgetränks Ouzo, eines Anisschnapses. Dazu werden Oktopus, Fisch- und Fleischgerichte, Schnecken, Eier, Zwieback, Brot, Salate oder einfach nur Oliven, Gurken und Tomaten serviert; im Unterschied zu anderen Speiselokalen bestellt man hier aber von vielem wenig. Man kann die Auswahl auch dem Wirt überlassen und einfach *pikilía* und *mezédes* (gemischte Hors-d'œuvres) ordern.

Griechische Kaffeehäuser sind der Treffpunkt der einheimischen Männerwelt. In den Touristenzentren sind sie zwischen den Bars und Cafés westlichen Typs manchmal nur noch in den Außenbezirken zu finden, doch in den Dörfern ist das *kafeníon* noch immer der Mittelpunkt des sozialen Lebens. Verzehrzwang gibt es nicht. So sieht man häufig volle *kafenía,* doch getrunken wird kaum etwas. Man sitzt beieinander, um über Gott und die Welt, vor allem aber über griechische Politik zu reden, Távli, Dame oder Karten zu spielen.

Wer Kaffee bestellen will, muss gleich bei der Bestellung sagen, wie er ihn wünscht. Beim griechischen Kaffee wird das Wasser nämlich zusammen mit dem Kaffeemehl und dem Zucker aufgekocht. *Kafé ellinikó* gibt es in vielen Variationen: *skétto,* ohne Zucker; *métrio,* mit etwas Zucker; *glikó,* mit viel Zucker; *dipló,* als doppelte Portion. Löslichen Kaffee bestellt man grundsätzlich als *neskafé* – entweder *sestó,* heiß, oder *frappé,* kalt. Am besten sagt man auch hier gleich den Süßegrad dazu.

SHOPPING AM STRASSENRAND

Honig, Wein und Olivenöl – typisch sind landwirtschaftliche Produkte

> In den Souvenirgeschäften der Städte und Badeorte ist viel Massenware zu finden, die bestenfalls auf dem griechischen Festland hergestellt wurde. Am besten kauft man bei den Kunsthandwerkern der Inseln selbst ein oder in den kleinen Läden landwirtschaftlicher Genossenschaften, die es gelegentlich gibt. Geöffnet sind die Souvenirgeschäfte und die Supermärkte in den Urlaubszentren im Sommerhalbjahr meist täglich von 10 bis 22 oder 23 Uhr. In den Städten bleiben die Supermärkte ebenso wie die Geschäfte für den Bedarf der Einheimischen am Samstagnachmittag und Sonntag geschlossen. Viele Einzelhandelsgeschäfte machen auch dienstags und donnerstags am Nachmittag nicht auf und halten an den übrigen Öffnungstagen zwischen etwa 13.30 und 17 Uhr eine lange Mittagspause ein.

KERAMIK

Keramik aus ganz Griechenland, darunter auch Kopien antiker bemalter Vasen, wird in vielen Geschäften angeboten. Die beste Keramikerin der Inseln ist die Norwegerin Hanne Mi, die in ihrem Verkaufsatelier auf der Skopós-Halbinsel auf Zákinthos auch Keramik-Kurse anbietet.

MANDELN & CO

Die Palíki-Halbinsel auf Kefalloniá ist für ihre Mandelspezialitäten berühmt: *mándoles* sind gebrannte Mandeln, *barboulé* nennt man hier karamellisierte Mandeln. Zákinthos verlässt kein griechischer Besucher ohne *pastélli,* süße Sesam-Honig-Riegel, oder *mandoláto,* eine weiche Nougatvariante.

MUSIK

Ob traditionelle *kantádes* oder die Rock- und Popklänge der griechischen Charts – in den Musikshops der Städte sind sie alle auf CD erhältlich.

OLIVENHOLZ

Schnitzereien aus Olivenholz, darunter Teller, Salatbestecke, Brotbretter und Schüsseln, sind nur noch selten zu finden. Sie sind relativ teuer, weil das Holz

> EINKAUFEN

zehn Jahre lang trocken lagern muss, bevor es bearbeitet werden kann.

OLIVENÖL & CO

Bestes griechisches Olivenöl ist in allen Inselstädten erhältlich. Solange die Regelungen für den Transport von Flüssigkeiten in Flugzeugen noch gelten, kann man es legal aber nur mitnehmen, wenn man es am Flughafen nach Passieren der Sicherheitskontrolle kauft. Auch der Transport im aufgegebenen Gepäck ist wegen der Entzündbarkeit des Öls nicht gestattet! Nichts einzuwenden ist gegen Olivenölseife und eingelegte Oliven.

PARFUM

Auf Kefalloniá und Zákinthos stellt je ein kleiner Betrieb Eau de Toilette her. Mit den Labels kann man nicht renommieren, der Duft ist jedoch angenehm und außerhalb Griechenlands nicht erhältlich.

SCHILDKRÖTEN

Schildkröten als Plüsch- und Plastiktiere oder auch als Keramik finden Sie vor allem auf Zákinthos in großer Zahl. Im Gegensatz zu echten Schildkrötenpanzern darf man sie durchaus mit nach Hause nehmen.

SCHMUCK

Zahlreiche Schmuckgeschäfte gibt es vor allem auf Zákinthos. Oft ist der Schmuck etwas preisgünstiger als bei uns. Achten Sie in jedem Fall auf die Qualität! Griechischer Ursprung ist nicht immer gewährleistet, da die meisten Juweliere bei Großhändlern und auf Messen in ganz Europa einkaufen.

WEIN & SPIRITUOSEN

Eine gute Auswahl griechischer Weine bieten die meist „Cáva" genannten Spezialgeschäfte in den Städten. Auf Zákinthos, Kefalloniá und Léfkas kann man auch Weinkellereien besichtigen und dort direkt einkaufen. Eine Spirituosenhandlung, die Liköre, Brandy und Oúzo noch selbst herstellt und teilweise auch vom Fass verkauft, finden Sie in der Stadt Lefkáda.

> IM REICH DES ODYSSEUS ...

... sieht man nur selten Fremde. Auf Itháki spielt der Tourismus keine große Rolle

> Die Heimatinsel des Helden Odysseus, bei uns als Ithaka bekannt, von den Einheimischen meistens Thiáki genannt, schmiegt sich dicht an die Ostküste Kefaloniás, von dem sie nur durch einen schmalen Meeresarm getrennt ist.

Itháki ist 24 km lang und 6 km breit; der Nord- und der Südteil der Insel sind durch einen 600 m breiten Isthmus miteinander verbunden. So ergeben sich bei Fahrten über die Höhenstraße der Insel immer wieder faszinierende Ausblicke auf Buchten und Küsten. Die meisten Siedlungen liegen im hügeligen, fruchtbaren Inselnorden. Die Dörfer entvölkern sich jedoch zusehends, da immer weniger junge Leute bereit sind, ihr kärgliches Brot mit harter Arbeit in der Landwirtschaft oder Fischerei zu verdienen. So liegt das eigentliche Inselzentrum jetzt im Süden in der Inselhauptstadt *Vathí* und dem nahen Bergdorf *Perachóri.*

Bild: Hafen von Kióni

ITHÁKI

Dass Itháki schon zu Zeiten des Trojanischen Krieges, also um 1200 v. Chr., besiedelt war, ist sicher nachgewiesen. Ob die Insel aber wirklich jemals einen König namens Odysseus hatte, ist zweifelhaft. Die Ithaker selbst glauben daran – und wollen auch die Reisenden in diesem Glauben bestärken. So stehen an vielen Stellen der Insel einfache Hinweisschilder, die Quellen und Strände, Höhlen und Ebenen mit Schauplätzen aus der „Odyssee" in Verbindung bringen. Wenn diese Ziele auch historisch nichts hergeben, so lohnt sich doch der oft schöne Spaziergang dorthin.

SEHENSWERTES & ORTE

AETÓS **[113 E3]**

Am Hang des 380 m hohen Berges nordwestlich von Vathí lag die antike Stadt Alalkoméne. Sie war von etwa 1400 v. Chr. bis in römische Zeit hinein besiedelt. Auf dem Gipfel sind Zisternen und die Umfassungsmauer der Akropolis aus dem 5. Jh. v. Chr. gut erhalten. Auf der Passhöhe zwischen Ost- und Westküste sind neben

ARCHÄOLOGISCHES MUSEUM [113 F3]
Ausgestellt sind vor allem Funde aus der Siedlung Alalkoméne am Hang des Berges Aetós. *Di–So 8.30–15 Uhr | Eintritt frei | Vathí*

Macchia überwuchert die Ruinen der mittelalterlichen Inselhauptstadt Perachóri

der Straße, die von Vathí zum Fähranleger und zur im Sommer oft übervollen Strandbucht von Pisoaetós führt, noch mehrere Quaderlagen eines hellenistischen Turms zu sehen.

ANOGÍ ★ [113 E2]
Das kleine Bergdorf liegt über 500 m hoch auf einer verkarsteten Hochebene mit bizarren Felsblöcken. Unmittelbar an der Hauptstraße steht die Mariä Entschlafung geweihte Kirche mit Campanile und gut erhaltenen Fresken aus dem Jahr 1670. *Schlüssel im kafeníon nebenan*

ARETHOÚSA-QUELLE ★ [113 F4]
Eine schöne Wanderung führt in etwa 90 Minuten von Vathí zu dieser Quelle, die vor einer steilen Felswand über der südlichen Ostküste der Insel liegt. Hier soll Eumaios, der Hirte des Odysseus, die Schweine seines Herrn getränkt haben. Vom Hafen aus folgt man dem Wegweiser „Arethousa Spring" durch den Ort und geht oder fährt dann auf der schmalen Asphaltstraße immer weiter. An einem entsprechenden Schild beginnt dann der schmale Fußpfad hinab zur Quelle.

DEXIÁ-BUCHT [113 E3]
Die Legende hält die Bucht mit dem kleinen Kiesstrand für den homerischen Forkinos-Hafen, in dem die Phäaken aus Korfu Odysseus in seiner Heimat absetzten.

KIÓNI ★ [113 E2]
Kióni gilt vielen als schönster Ort der Insel. Das Dorf umschließt das innere Ende einer Bucht und ist von Olivenbäumen und Zypressen umgeben. Zu Fuß oder per Boot gelangt man in wenigen Minuten zu mehreren kleinen Kiesstränden.

KLOSTER KATHARÓN [113 E2–3]
Vom frei stehenden Glockenturm außerhalb des 556 m hoch gelegenen Klosters hat man einen schönen Blick über weite Teile der Insel. *Mo–Fr 8–20.30 Uhr*

NAUTICAL-FOLKLORE MUSEUM [113 F3]
Kleines Heimatmuseum im ehemaligen Elektrizitätswerk. *Meist 9.30–13.30 u. 18–21 Uhr | Eintritt 1 Euro | Vathí*

NYMPHENGROTTE [113 E3]
Nach seiner glücklichen Heimkehr nach Itháki gab Odysseus seine Habe zunächst in die Obhut von Nymphen – Fabelwesen, die ihre Wohnstatt in einer kleinen Grotte oberhalb der Dexiá-Bucht hatten. Gegenwärtig graben sich Archäologen durch die 373 v. Chr. bei einem Erdbeben eingestürzte Höhlendecke zum Boden der antiken Kulthöhle vor und machen dabei zahlreiche Kleinfunde. *Bis auf Weiteres nicht zugänglich*

PERACHÓRI [113 F3]
Nur 2 km oberhalb von Vathí liegt in etwa 300 m Höhe das größte Dorf der Insel (500 Ew.). Zwischen den am Hang verteilten Häusern bleibt viel Platz für Weinterrassen und Olivenhaine; der Blick auf die Hafenbucht ist außerordentlich schön. Leider fehlen ansprechende Tavernen. Von der mittelalterlichen Besiedlung des Fleckens zeugen mehrere Ruinen. Gleich am unteren Ortseingang stehen links der Straße die Überreste eines venezianischen Hauses und einer Kirche, in der Reste von Wandmalereien zu erkennen sind. Im Dorfzentrum weist ein Schild den Pfad durch Olivenhaine zur Ruine der *Johanneskirche* mit weiteren Fresken.

STAVRÓS ★ [113 E2]
Das größte Dorf des Inselnordens (350 Ew.) liegt auf einem Bergrücken, von dem aus sowohl die Ost- als auch die Westküste Ithákis zu sehen sind. Auf dem Dorfplatz steht eine Büste des Odysseus, dessen Palast sich

MARCO POLO HIGHLIGHTS

★ Kióni
Das schönste Dorf der Insel (Seite 33)

★ Arethoúsa-Quelle
Wanderung zu einer Legende (Seite 32)

★ Stavrós
Ob hier Odysseus' Palast stand, fragt man sich in guten Tavernen (Seite 33)

★ Anogí
Bergdorf zwischen bizarren Felsen und freskengeschmückter Kirche (Seite 32)

nach Meinung einiger Archäologen im Ortsteil Pelikáta befunden hat. Eine Stichstraße führt hinunter in die Bucht von *Pólis.* In der Küstenebene wurden Spuren eines antiken Stadions entdeckt; auf dem Bergkamm auf der anderen Seite der Bucht sind noch antike Mauern zu erkennen.

VATHÍ **[113 E–F3]**
Die Inselhauptstadt (2000 Ew.) ist ein beschauliches Städtchen ohne bedeutende Sehenswürdigkeiten. Sie liegt am inneren Ende einer langen, fjordähnlichen Bucht, die sich zum Meer schlängelt. In den Cafés auf der abends lebhaften Uferpromenade hat man das Gefühl, an einem großen See zu sitzen. Aus der Zeit vor 1953 steht noch eine vom deutschen Architekten Ernst Ziller im 19. Jh. geplante, heute als Cafébar genutzte Villa am Hafen; die meisten Häuser der Stadt wurden vom Erdbeben ebenso zerstört wie die Quarantänestation aus dem 19. Jh. auf dem Inselchen *Lazaretto,* zu dem man hinüberschwimmen kann. Zu den kurzen Kiesstränden auf der anderen Seite der Bucht fahren Badeboote.

> LOW BUDGET

- Die Fährüberfahrt ist zwar von Sámi (Kefalloniá) nach Pisoaétos billiger als nach Vathí, aber von Pisoaétos fährt kein Linienbus in die anderen Inselorte. Wer nicht mit dem eigenen Fahrzeug unterwegs ist, bucht also besser eine Passage nach Vathí.
- Die preiswerteste Taverne in der Inselhauptstadt Vathí liegt zwar nicht am Wasser, hat dafür aber auch viele einheimische Stammgäste. Im *Níkos* wird vor allem Gegrilltes und Salat serviert, Hauptgerichte gibt es schon für unter 5 Euro.

ESSEN & TRINKEN

KANTOÚNI **[113 F3]**
Gefällige Taverne an der Uferpromenade mit kleiner Terrasse hinterm Haus. *Vathí | Odós Ploiárchou Georg. Gratsoú* | €€

POLYPHEMUS **[113 E2]** Insider Tip
Von der Schweizerin Monica und zwei Griechen betriebenes Restaurant mit schönem Garten und vielen vegetarischen Gerichten. *Stavrós | an der Straße nach Anogí* | €

SIRÍNES **[113 F3]**
Große Auswahl, besonders leckerer Schweinebraten. *Nur abends | Vathí | an der Parallelgasse zur Hafenpromenade* | €€€

EINKAUFEN

ELPINÓR **[113 F3]**
Origineller Laden an der Uferstraße mit Schiffsbildern, Bric-à-brac, bemalten Kieselsteinen und Schmuck. *Vathí | Paralía 160*

ÜBERNACHTEN

MÉNTOR **[113 F3]**
Mit 36 Zimmern und Apartments größtes Inselhotel, gelegen am innersten Ende der Bucht. *Vathí | Tel. 26 74 03 24 33 | Fax 26 74 03 22 93 | www.hotelmentor.gr* | €€

NOSTÓS **[113 E1]** Insider Tip
Zweigeschossiges, sehr gepflegtes Hotel mit Pool, 900 m vom nächsten Kiesstrand. *27 Zi. | Fríkes | Tel.*

26 74 03 11 00 | Fax 26 74 03 17 16 | www.hotelnostos-ithaki.gr | €€

PERANTZÁDA ... 1811 [113 F3]
Designerhotel mit einer Villa von 1811 als Kern. *12 Zi. | Vathí | Tel. 26 74 02 39 14 | Fax 26 74 03 34 93 | www.arthotel.gr* | €€€

AM ABEND

Theatergastspiele und Konzerte finden in Vathí häufig statt. An jedem Sommerabend geöffnet ist die Disco *Century* an der Uferstraße. Sehr stimmungsvolle Abende unter Palmen kann man im *Drakoúli* in Vathí an der Ziller-Villa verbringen. Insider Tipp

Odysseus trifft man überall: Diesem Standbild des Helden begegnet man in Vathí

STRÄNDE

ÁGIOS IOÁNNIS BEACH [113 E2] Insider Tipp
100 m langer, 15 m breiter Kieselsteinstrand ohne Taverne, wenig besucht, gut zum Schnorcheln.

FILIÁTRA BEACH [113 F3]
Eigentlich schöner Kieselsteinstrand vor alten Olivenbäumen, der aber im Hochsommer durch extrem laute Musik und wilde Camper ruiniert wird.

AUSKUNFT

POLYCTOR TOURS [113 F3]
Platía Drakoúli | Vathí | Tel. 26 74 03 31 20 | Fax 26 74 03 31 30 | www.ithakiholidays.com

FÄHRVERBINDUNGEN

Ganzjährig Verbindungen zwischen Pisoaétos und Sámi (Kefalloniá), Fríkes und Nidrí (Léfkas), Vathí und Patras (Peloponnes). *Auskunft: Hafenpolizei Vathí | Tel. 26 74 03 29 09*

> SCHÖNE ORTE, VIELE STRÄNDE

Die größte Insel im Ionischen Meer hat eine Menge anziehender Gesichter

> Vielfältig wie die Insel ist auch die Schreibweise ihres Namens. Vor allem Kefallinia und Cephalonia sind neben Kefalloniá gebräuchlich. Wie abwechslungsreich Kefalloniá ist, zeigt eine Rundfahrt über die Insel, für die man drei Tage benötigt – immerhin ist sie 786 km² groß.

Im Norden scheint sich die Halbinsel Érissos an die Küste des benachbarten Itháki anschmiegen zu wollen. Nur zwei Dörfer, *Ássos* und *Fiskárdo,* liegen hier an der Küste; weitaus die meisten Menschen wohnen in Bergdörfern im Binnenland. Die Hänge sind in den niederen Regionen von Ölbäumen und Zypressen bedeckt, auf kleinen Hochebenen werden Getreide, Obst und Gemüse angebaut. An den kahlen Hängen der steil abfallenden Westküste der *Halbinsel Érissos* weiden Schafe und Ziegen ober- und unterhalb einer atemberaubend schönen, aber auch kurvenreichen Panoramastraße.

Bild: Napier's Lighthouse, Argostóli

KEFALLONIÁ

Ganz anders gibt sich die *Halbinsel Palíki,* deren bedeutendster Ort das Städtchen *Lixoúri* ist. Im Osten grenzt sie an die flache, lagunenartige Bucht von Argostóli und steigt von dort sanft zur Westküste hin an, die dann steil ins Ionische Meer abfällt. Lange, rötlich gefärbte Sandstrände säumen die Südküste mit ihren niedrigen, weißen Kalkfelsen, wenigen Hotels und einem fast wüstenhaften Hinterland mit tief eingeschnittenen Trockenbachtälern und tafelbergartigen Plateaus.

Den Kern der Insel bildet ein mächtiges Zentralgebirge mit dem 1131 m hohen, überwiegend kahlen Berg Agía Dínami und dem von Tannen bestandenen, 1628 m hohen Énos. Parallel dazu verläuft entlang der Ostküste der 1082 m hohe Bergzug des Kókkini Ráchi. In diesen Bergregionen gibt es nur wenige Siedlungen. Dafür entstanden in den beiden Küstenebenen an windgeschützten Buchten die beiden Hafenstädtchen *Argostóli* und *Sámi.* Sehr dicht besiedelt ist auch das *Livátho,* eine niedrig gelegene, besonders fruchtbare Region südlich von Argostóli.

Wie überall auf den Inseln hat auch auf Kefalloniá das Erdbeben

Kein Denkmal, sondern ein Dankeschön: der Obelisk in der Bucht von Argostóli

von 1953 schwere Schäden angerichtet. Städte und Dörfer entstanden in der Folgezeit weitgehend neu, nur im Norden auf der Halbinsel Érissos ist der alte Charakter Kefalloniás noch deutlich erkennbar.

In der Antike gab es auf Kefalloniá vier voneinander unabhängige Stadtstaaten. Verschwunden sind Pale und Pronnoi. Vom antiken Krane nahe Argostóli sind nur unbedeutende Reste erhalten, doch bei Sámi stehen noch weite Teile der antiken Stadtmauer.

Für Cineasten ist Kefalloniá zudem als Schauplatz des US-amerikanischen Films „Corellis Mandoline" attraktiv, der hier im Sommer 2000 mit Nicholas Cage, Penelope Cruz und John Hurt unter der Regie von John Madden gedreht wurde. Sein Thema: die Zeit der italienischen Besatzung der Insel im Zweiten Weltkrieg und die Ermordung italienischer durch deutsche Soldaten 1943.

SEHENSWERTES & ORTE

ARCHÄOLOGISCHES MUSEUM [114 B2]

Gezeigt werden Funde vom Werkzeug aus der Steinzeit bis zu byzantinischen Münzen. Im letzten Saal sind in einer Vitrine Objekte aus dem Pan-Heiligtum in der Höhle von Melissáni zu sehen. Ein Tonrelief zeigt sechs sich an den Händen haltende Mädchen, die den Flöte spielenden, gehörnten Hirtengott Pan umtanzen. *Di–So 8.30–15 Uhr | Eintritt 3 Euro | Argostóli | Odós Rókon Vergóti*

ARGOSTÓLI [114 B2]

KARTE IN DER HINTEREN UMSCHLAGKLAPPE

Die erst 1757 von den Venezianern gegründete Verwaltungshauptstadt der Insel (7500 Ew.) liegt lang gestreckt an einem Seitenarm der Bucht von Argostóli ohne Blick aufs offene Meer. Das Erdbeben von 1953 ließ nur wenige alte Gebäude stehen; die Stadt wirkt nüchtern-modern. Das rege Geschäftsleben spielt sich vorwiegend an der 2 km langen Uferpromenade ab. Dort liegen auch der Busbahnhof und der schöne Markt mit seinen auffallend großen Obst- und Gemüseständen. Schauplatz der abendlichen *volta,* bei der die halbe Stadt zu flanieren scheint, ist die *Platía Metaxá.*

Die größte Sehenswürdigkeit der Stadt ist neben den beiden Museen die Kirche *Ágios Spiridónis* an der Haupteinkaufsstraße, der *Odós Diad. Konstantinou.* Sie wurde innen in den 70er-Jahren vollständig mit Fresken im traditionellen byzantinischen Stil ausgemalt. Der untere Teil der linken Seitenwand ist weiblichen Heiligen vorbehalten, darunter der Kaiserin Theodora, die am Ende des Bilderstreits die Ikonenverehrung wieder einführte. Entsprechend ist sie auch mit einer Ikone in der Hand dargestellt. Auf der rechten Seitenwand sind unten männliche Heilige zu sehen. In den oberen Bereichen der Kirche werden biblische Ereignisse dargestellt, z.B. die Höllenfahrt Christi, die Heilung des Gelähmten, Christi Geburt und Christi Taufe.

Insider Tipp

Das markanteste Bauwerk der Stadt ist die von den Engländern 1813 errichtete *Straßenbrücke* über die flache Bucht, von deren Mauern aus die Einheimischen gern angeln. In ihrer Mitte steht ein Obelisk, den die Kefallonier den Briten als Dank für die Brücke stifteten.

ÁSSOS ★ [112 C3]

Das Dörfchen Ássos (100 Ew.) liegt am inneren Ende einer windge-

MARCO POLO HIGHLIGHTS

★ Fiskárdo
Ein Dorf wie im Bilderbuch (Seite 41)

★ Kloster Ágios Gerássimos
Ein Kloster als Pilgerziel (Seite 42)

★ Palíki-Halbinsel
Rötliche Sandstrände vor weißen Kreidefelsen (Seite 48)

★ Ássos
Ein kleines Küstendorf und eine mächtige Festung (Seite 39)

★ Melissáni-Höhle
Stalagmiten und Stalaktiten vom Ruderboot aus erleben (Seite 44)

★ Alt-Same
Antike Mauern und eine byzantinische Kirche in der Bergeinsamkeit (Seite 45)

schützten, gern von Seglern besuchten Bucht. Im Osten wird sie von terrassierten Hängen und im Westen von einer Landzunge begrenzt, die die Reste einer venezianischen *Festungsanlage (tagsüber frei zugänglich)* aus dem späten 16. Jh. trägt. Sie ist nur durch einen schmalen, felsigen Isthmus mit der Hauptinsel verbunden. Von Ássos aus verwalteten die Venezianer den Inselnorden; die Burg sollte den Bauern bei Piratenüberfällen Schutz bieten. Von den teilweise begehbaren Burgmauern bieten sich großartige Ausblicke, im Innern hat üppiges Grün die letzten Gebäudereste überwuchert. Bei einem Bummel durch das Dorf sind noch deutlich die schweren Schäden des Erdbebens von 1953 zu sehen, von dem sich Ássos nicht erholte. Im Winter leben hier nur noch wenige alte Leute, im Sommer aber herrscht reger Badebetrieb am kurzen, kieseligen Strand.

AVÍTHOS-SEE [115 E2]

Seen, die das ganze Jahr über Wasser führen, sind auf den griechischen Inseln eine Seltenheit. So überrascht denn auch das Schilfdickicht am kleinen Avíthos-See, hinter dem Ölbäume und Zypressen wachsen. Er wird aus mehreren starken Quellen gespeist und bewässert das ganze Tal bis hinunter nach Póros. *An der Straße von Sámi nach Póros, 1 km vor Ágios Nikólaos (Abzweigung beschildert)*

DRONGARÁTI-HÖHLE [113 D5]

Die 44 m tiefe Tropfsteinhöhle ist effektvoll ausgeleuchtet. Der Komponist Míkis Theodorákis hat hier einmal ein Konzert dirigiert – man kann sich vorstellen, wie stimmungsvoll es war. *Tgl. 9 Uhr bis Einbruch der Dunkelheit | Eintritt 3,50 Euro | an der Straße von Argostóli nach Sámi*

ÉNOS [115 E2]

In die Gipfelregion des höchsten Berges der Ionischen Inseln kann man auf einem Forstweg mit dem Auto hinauffahren. Sie ist zu einem Nationalpark von 23 km² Größe erklärt worden. Vom Ende der Asphaltstraße aus führt eine 7,7 km lange, auch mit dem PKW befahrbare Piste an einem schönen Picknickplatz vorbei bis auf den 1628 m hohen Gipfel. Er wird leider von Antennenmasten verun-

> MEERWASSERMÜHLEN

Frühe Form alternativer Energiegewinnung

Normalerweise fließt das Wasser vom Land ins Meer. Bei Argostóli war das bis zum schweren Erdbeben von 1953, das die Küste um etwa 50 cm anhob, anders. Da strömte das Ionische Meer an mehreren Stellen auf der Halbinsel Lássi landeinwärts, versickerte dort und trat mit Süßwasser vermischt erst viele Kilometer weiter in der Höhle von Melissáni und bei Karavómilos aus Quellen wieder zu Tage. Wo es bei Argostóli landeinwärts floss, hatte man bereits im 19. Jh. große Wasserräder montiert, die Mühlsteine antrieben. Heute sind sie restauriert, gehören zu Tavernen und können besichtigt werden.

ziert. Außerdem wacht dort im Sommerhalbjahr ein Forstmann darüber, dass der dichte Bestand an dunklen Kefalloniá-Tannen nicht in Brand gerät. *Abzweigung auf den Énos an der Straße Argostóli–Sámi beschildert*

FISKÁRDO ★ **[113 D1]**

Das schönste Dorf der Insel mit seiner geschwungenen Uferlinie an einer kleinen Bucht gegenüber von Itháki war vom Erdbeben 1953 kaum betroffen. Die alten, gut gepflegten Häuser am Kai sind die ideale Kulisse für das rege Treiben an der kurzen Uferpromenade; elegante Yachten und kleine Fährschiffe beleben den Hafen. Benannt ist der kleine Ort nach dem Normannenfürsten Robert Guiscard, der hier auf einem seiner Raubzüge gegen das byzantinische Reich 1085 starb. Ihm zu Ehren wurde eine *normannische Kirche* auf der Halbinsel nördlich der Hafenbucht errichtet, deren Ruinen in dieser Umgebung noch immer fremdartig anmuten. Zum Baden eignen sich die flachen Felsschollen am Rand dieser Halbinsel und zwei kleine, zehn Gehminuten entfernte Kiesstrände zu beiden Seiten des Ortes. Dort bieten bis an den Strand reichende Olivenhaine wohltuenden Schatten.

KARAVÓMILOS **[113 D5]**

Zwischen dem erst nach 1953 neu angelegten Dorf und dem Meer hat sich ein kleiner See gebildet. Aus den Quellen auf seinem Grund fließt mit Süßwasser vermischtes Meerwasser, das auf der Halbinsel Lássi im Boden versickert ist. Auf seinem extrem kurzen Weg in die Bucht von Sámi trieb der Abfluss des Sees das inzwischen restaurierte Wasserrad einer ehemaligen Getreidemühle an. *An der Straße von Agía Evfímia nach Sámi*

Strand mit Schatten spendendem Baumbestand in der Bucht von Fiskárdo

KÁSTRO **[114 C2]**

Über die Ebene des Livátho ragt ein 320 m hoher Bergrücken auf, der bis 1757 die Inselhauptstadt Ágios Geórgios trug. Geblieben ist von ihr die Burganlage der Venezianer, das *Kástro,* mit einem Mauerumfang von etwa 600 m. *Burg Mai–Okt. Di–So 8–19.30, So 8–15 Uhr | Eintritt frei | an der Straße von Argostóli nach Skála*

Insider Tipp

KLOSTER ÁGIOS ANDRÉAS [114 C2]

Der venezianischen Burg Ágios Geórgios gegenüber liegt in der Ebene eines der interessantesten Inselklöster. In der Hauptkirche wird als Reliquie ein Teil des rechten Fußes des Apostels Andreas verehrt. Bedeutender freilich sind die Ikonen und Fresken in der alten Klosterkirche. Der Bau stammt aus der Zeit um 1600, die ältesten Wandmalereien lassen sich ins 13. Jh. datieren. *Museum Mo–Sa 8–14 Uhr (Eintritt 2 Euro) | Kloster tgl. 8–14 u. 17–20.30 Uhr | südlich der Straße von Argostóli nach Skála*

KLOSTER ÁGIOS GERÁSSIMOS ★ [115 D2]

Das meistbesuchte Kloster der Insel steht am Rand der 400 m über dem Meer von Bergen umschlossenen Ómalon-Ebene. In diesem Landstrich wird der berühmte Robóla-Wein angebaut und in der Kellerei der Winzergenossenschaft nahe dem Kloster gekeltert *(Besichtigung der Robóla Cooperative Winery inkl. Weinprobe April–Okt. tgl. 9–21 Uhr, Nov.–März Mo–Fr 7–15 Uhr | Teilnahme kostenlos | www.robola.gr).*

Insider Tipp

Ein monumentaler und verschwenderisch mit Marmor ausgestatteter Kirchenneubau prägt heute zusammen mit einer kilometerlangen, schnurgeraden Allee als Zufahrt den ersten Eindruck vom Kloster. Sympathischer und bescheidener wirkt allerdings die alte Klosterkirche, vor der noch eine vom Heiligen selbst im 16. Jh. gepflanzte Platane steht. Eine der Fresken im Inneren zeigt das Sterbebett des hl. Gerássimos, dessen Seele, dargestellt als in Windeln gewickeltes Kleinkind, Christus bereits zu sich genommen hat. Die Gebeine des Heiligen ruhen in einem Sarg und können von den Pilgern durch zwei kleine Öffnungen geküsst werden. Zu bestimmten Zeiten liest ein Priester dazu Gebete, die ihm die Gläubigen zuvor auf Zettelchen geschrieben haben. Eine Klappe im Kirchenboden führt über eine steile Leiter in eine Höhle hinunter, in der der Inselheilige eine Zeit lang gelebt hat. *April–Okt. tgl. 3.30–13 u. 15.30– 20 Uhr, sonst 4–13 u. 15–19 Uhr | Zufahrt an der Straße Argostóli–Sámi ausgeschildert*

> LOW BUDGET

- Nur 17–24 Euro kosten die acht sehr einfachen Doppelzimmer in der *Pension Hará* je nach Saison. Man hat zwar nur Etagenduschen, wohnt dafür aber in einem Haus mit Garten bei einem sehr freundlichen alten Ehepaar direkt im Zentrum von *Argostóli (Leofóros G. Vergóti 95 | Tel. 26 71 02 24 27).*
- Wer in einem Studio oder Apartment mit Küche wohnt und dort eine Bratpfanne hat, kommt preiswert in den Genuss von frischem Fisch. Den verkaufen die Fischer selbst jeden Morgen direkt von ihren Booten am Kai von Argostóli, 100 m vom Markt entfernt in Richtung Buchtausgang.

KLOSTER KIPURÉON [112 A6]

100 m über der einsamen und weithin unzugänglichen Westküste der Halbinsel Palíki leben noch einige Mönche. Die Klosterkirche birgt schöne Ikonen, darunter auch eine,

die die drei wichtigsten Inselheiligen der Ionischen Inseln zeigt.

KORGIALÉNIOS-BIBLIOTHEK [114 B2]

Die Bibliothek ist die Stiftung eines 1920 verstorbenen reichen Kefalloniers; das Gebäude wurde nach dem Erdbeben 1953 originalgetreu wieder errichtet. Im Untergeschoss sind zahlreiche Ikonen, Objekte der Volkskunst, Trachten, Möbel, land- und hauswirtschaftliche Geräte sowie historische Fotos ausgestellt. *Mo–Sa 9–14 Uhr | Eintritt 3 Euro | Argostóli | Odós Ilía Zérvon*

LÁSSI-HALBINSEL [114 B1–2]

Die hügelige Halbinsel, auf der auch die Inselhauptstadt Argostóli liegt, kann man als Besucher gut zu Fuß umrunden. Auf dem Weg von Argostóli zur Landspitze stehen am Ufer die restaurierten *Schöpfräder* von zwei Meerwassermühlen. Das erste findet sich auf dem Areal des Restaurants Thalassómilos, das zweite auf dem des ausgebrannten Restaurants O Mílos Katovóthres.

Auf der Landspitze erbauten die Briten 1820 einen kleinen *Rundtempel* im dorischen Stil, der als Leuchtfeuer für die Hafeneinfahrt diente. Nach dem Erdbeben von 1953 wurde er vereinfacht wieder aufgebaut.

Etwas weiter zweigt von der Küstenstraße eine ausgeschilderte Straße ab, die nach 700 m zum *Monumento Caduti* führt. Das Gefallenendenkmal erinnert an 9470 italienische Soldaten, die sich nach der Kapitulation

Kloster Ágios Gerássimos: Die Gebeine des hl. Gerássimos ruhen in einem silbernen Schrein

Italiens im September 1943 nicht den deutschen Truppen ergeben wollten und deshalb von ihnen erschossen wurden.

LIXOÚRI **[114 B1]**

Der 1534 gegründete Hauptort (3500 Ew.) der Halbinsel Palíki strahlt noch etwas von der Anmut und Vornehmheit aus, die viele Städte auf den Ionischen Inseln durch das Erdbeben von 1953 verloren. Das Marktzentrum breitet sich rund um den Busbahnhof herum aus, sozialer Mittelpunkt ist die große Platía an der Uferstraße. Eine der Villen im oberen Teil der Stadt dient heute als *Museum* und Bibliothek *(Di–Sa 9.30–13 Uhr | Eintritt frei)*. In den Räumen wurden die vor über 100 Jahren fantasievoll bemalten Decken teilweise restauriert, ausgestellt werden neben Möbeln aus jener Zeit auch einige Ikonen. *Häufige Fährverbindung zwischen Argostóli und Lixoúri rund um die Uhr*

MELISSÁNI-HÖHLE ★ **[113 D5]**

Der Besuch dieser Tropfsteinhöhle ist ein besonderes Erlebnis, da sie zu einem guten Teil von einem kleinen See ausgefüllt wird, den man auf einem Ruderboot befährt. Das Tageslicht findet durch eine von grünen Bäumen gerahmte Öffnung Einlass und lässt das glasklare Wasser des Sees in Blau- und Grüntönen schimmern. Im hinteren Teil der Höhle umspült das Wasser ein kleines Inselchen, auf dem sich in der Antike ein Heiligtum für den Hirtengott Pan befand. Was Archäologen hier fanden, ist im Archäologischen Museum von Argostóli ausgestellt. *Tgl. 9 Uhr bis Sonnenuntergang | Eintritt 5 Euro*

METAXÁTA **[114 C3]**

Wie die meisten Dörfer in der Livátho-Ebene wirkt das nach dem Erdbeben von 1953 fast völlig neu erbaute Metaxáta mit seinen Villen und Gärten ansprechend und wohlhabend. Außerhalb des Dorfs wurden

Lichteffekte: Bootsfahrt auf dem blau-grün schimmernden See in der Melissáni-Höhle

zahlreiche Schacht- und Kammergräber aus spätmykenischer Zeit freigelegt. *Ausgrabungen lückenhaft eingezäunt. Zufahrt: Man biegt von der Straße zwischen Peratáta und Metaxáta gleich hinter der beschilderten Abzweigung zum Kloster Ágios Andréas rechts in einen unbeschilderten Feldweg ein und erreicht nach 250 m die Umzäunung der Ausgrabungen*

PÓROS [115 F2]

Der kleine Hafenort (900 Ew.) entwickelt sich langsam zu einem Touristenzentrum, in dem es aber immer noch ruhig und beschaulich zugeht. 500 m über dem Dorf und sechs Wanderkilometer entfernt steht das älteste Kloster der Insel, *Moní tis Panagías tis Atroú*. Es wurde bereits 1264 erstmals schriftlich erwähnt. Hinter dem modernen Bau, in dem die Mönche heute leben, erheben sich die alten Klosterbauten und -kapellen in grandioser Bergeinsamkeit mit nicht minder großartigem Blick auf die Küste und hinüber zum Peloponnes. *Zufahrt: 1,4 km vom Ufer entfernt zweigt der Weg nach einer Schlucht von der Straße Póros–Argostóli ab*

SÁMI [113 E5]

Sámi (1100 Ew.) erstreckt sich zu Füßen eines Berges, an dem noch deutlich die antiken Stadtmauern zu erkennen sind. Im Ort selbst sind ein römisches *Kammergrab* und die noch 5 m hohen Ziegelsteinmauern einer *römischen Therme* erhalten.

Um zu den Resten der antiken Stadt ★ *Alt-Same* zu gelangen, folgen Sie am nordöstlichen Ortsende der ausgeschilderten Straße zum *Kloster Agrílion,* dessen Gebäude nach dem Erdbeben von 1953 neu errichtet wurden. Wo sich der Weg zum zweiten Mal gabelt und ein Wegweiser nach links zum Kloster führt, geht es rechts weiter. Die Stadtmauer, die sich den Hügel entlangzieht, ist gut zu erkennen. An der *Kástro* genannten Stelle reicht sie nahe einer weißen Kapelle fast bis an den Feldweg heran. Unmittelbar daneben stehen die Ruinen einer mittelalterlichen Klosterkirche und eines antiken Wachturms. Seine Mauern aus sorgfältig behauenen Quadern sind noch bis zu 5 m Höhe erhalten. Drei Gehminuten von hier entfernt liegen im Wald unterhalb der weißen Kapelle versteckt die Ruinen der mittelalterlichen Kirche *Ágios Nikólaos (frei zugänglich).* Ein kilometerlanger, schmaler Sandstrand erstreckt sich von Sámi bis fast nach Karavómilos.

SKÁLA [115 F3–4]

Am Südrand des kleinen, überwiegend von Engländern besuchten Badeortes (550 Ew.) mit seinem langen Sandstrand stehen unter einem schützenden Dach die gut erhaltenen Grundmauern einer *römischen Villa (tgl. 8.30–15 Uhr | Eintritt frei)*. Innen sind zwei Bodenmosaike erhalten. Das eine zeigt die Opferung von drei Tieren, das andere einen Jüngling, der Neid symbolisiert.

In Richtung Póros liegen zahlreiche weitere Sand-Kiesstrände ohne touristische Einrichtungen. Zwischen der Piste und dem Meer sind neben der weißen *Kapelle Ágios Geórgios* geringe Reste eines antiken Tempels aus dem 6. Jh. v. Chr. erhalten.

TZANÁTA [115 F2]

Im Ortszentrum weist ein brauner Wegweiser den Weg zu einem mykenischen *Thólos-Grab* aus der Zeit um 1350 v. Chr. Die Grabkammer unter dem Grabhügel kann man betreten *(Di–So 8.30–15 Uhr | Eintritt frei | 400 m rechts der Hauptstraße nach Póros)*.

ESSEN & TRINKEN

Insider Tipp AVÉROF ▶▶ [114 B1]

Café und viel von jungen Leuten besuchte Bar in und vor einer restaurierten Meerwassermühle. *Argostóli | an der Uferstraße zur Spitze der Lássi-Halbinsel* | €€

Insider Tipp BELL TOWER CAFÉ [114 B2]

Das von einer städtischen Behindertenorganisation betriebene Café vor und in dem Glockenturm an der Flaniermeile der Inselmetropole serviert traditionelle Süßigkeiten und Erfrischungsgetränke wie die Mandelmilch *soumáda* und die Pflaumenlimonade *vissináda*. Der Innenraum ist mit historischen Fotos geschmückt, über 75 Stufen kann man den Uhrturm besteigen. *Tgl. ab 8 Uhr | Argostóli | Odós Lithostrótou 52B* | €

CASA GREC [114B2]

Gepflegtes Restaurant eines in Kanada aufgewachsenen, gut englisch und französisch sprechenden Ehepaars, das moderne mediterrane Küche, hervorragende Steaks und gute Weine bietet. *Tgl. ab 19.30 Uhr | Argostóli | Odós St. Metaxá 10* | €€€

Insider Tipp KÁSTRO [114 C2]

Die Taverne am Eingang zur venezianischen Burg ist ein schattiges Idyll im Blütenmeer. Wirt Spíros und seine Frau Níki servieren preiswerte Mittagsgerichte, leckere Kuchen und auch preisgünstige Cocktails, dazu läuft immer griechische Musik. *Mai–Okt. tgl. ab 9 Uhr | Kástro* | €

Insider Tipp O AGRAPÍDOS [114 F2]

Sehr preiswerte Taverne mit solider griechischer Hausmannskost und grandiosem Ausblick. Wein von eigenen Reben, selbst gebackenes Brot, Gemüse aus dem eigenen Garten. *Póros | oberhalb des Hafens an der Straße nach Skála* | €

PAPARAZZI [114 B2]

Von jungen Italienern geführtes Restaurant. Viel Pizza und Pasta. Reservierung erwünscht. *Tgl. ab 19.30 Uhr | Argostóli | Odós Lavráka 2 | Tel. 26 71 02 26 31* | €€

TASSÍA [113 D1]

Renommiertes Restaurant am Uferkai, das vor allem wegen seines stets frischen Hummers und seiner Langusten gelobt wird. Sechs Fischer arbeiten exklusiv für dieses Lokal, das aber auch Fleischgerichte serviert. Die Inhaberin Tassía Dendrinoú hat auch ein kefalloniotisches Kochbuch geschrieben, das im Restaurant in englischer Übersetzung erworben werden kann. *Fiskárdo* | €€€

VASSO'S [113 D2]
Taverne an der Uferpromenade am Yacht- und Fischerhafen. Gute Auswahl auch an gekochten Gerichten. Im Frühsommer nisten Schwalben im Gastraum. *Fiskárdo* | €€€

EINKAUFEN

ROBÓLA [114 B2]
Der kleine Laden hält alle Weine der einheimischen Kooperative zu günstigen Preisen vorrätig. Hier werden auch gute Weine vom Fass verkauft. *Argostóli | am Markt*

ÜBERNACHTEN

AÉNOS [114 B2]
Das stilvoll mit Antiquitäten eingerichtete Hotel ist Argostólis erste Adresse. *33 Zi.* | *Platía Valianoú* | *Tel. 26 71 02 80 13* | *Fax 26 71 02 27 40* | *www.aenos.com* | €€€

Insider Tipp
ANEMÓMILOS [112 C3]
Auf einem niedrigen Hügel inmitten bizarrer Tafelberglandschaft steht die kleine Pension des Ökobauern Gerássimos, im *Kafenío Panórama* gleich nebenan serviert seine Tochter Dimítra regionale Köstlichkeiten, die es sonst kaum noch irgendwo gibt. Ein eigenes Fahrzeug ist hier unabdingbar. *5 Zi.* | *Mantzavináta* | *Tel./Fax 26 71 09 17 55* | *petdumi@yahoo0.gr* | €

GERÁNIA [112 C3] Insider Tipp
Ruhig in großem Garten gelegene Pension, 300 m vom Ufer. Parkplatz. *12 Zi.* | *Ássos* | *Tel. 26 74 05 15 26* | *Fax 21 04 13 53 09* | *www.pensiongerania.gr* | €€

Im Südosten der Insel liegen so schöne Strände wie der Sandstrand von Skála

IONIAN PLAZA [114 B2]
Das beste Stadthotel der Insel, mit einem erstklassigen Preis-Leistungs-Verhältnis. *47 Zi.* | *Argostóli* | *Platía Vallianoú* | *Tel. 26 71 02 55 81* |

Fax 26 71 02 55 85 | *www.ionianplaza.gr* | €€€

KARAVADOS BEACH [113 E5]
Hotel mit Pool in ländlicher Umgebung, etwa 150 m vom Strand. 8 km südöstlich von Argostóli. *67 Zi.* | *Karavádos* | *Tel. 26 71 06 94 00* | *Fax 26 71 06 96 89* | €€

RÉGINA RENT ROOMS [113 D1]
Zehn Zimmer mit Meerblick 50 m oberhalb des Hafens in einer Pension am Hauptparkplatz, fünf weitere Zimmer im Ort. *Fiskárdo* | *Tel. 26 74 04 11 25* | € *und* €€

Insider Tipp **TRÍFILLI** [115 D3]
Von drei griechischen Brüdern und einer Deutsch-Schweizerin sehr familiär und engagiert geführte, von Blumen überrankte Pension mit exzellenter Taverne, 200 m vom Strand. *Lourdáta* | *Tel. 26 71 03 11 14* | *Fax 26 71 03 14 84* | *www.trifilli.com* | €

Insider Tipp **VATSÁ CLUB** [114 A2]
Wenn man meint, am Ende der Welt angekommen zu sein, steht da an einer Flussmündung eine urige Strandtaverne, zu der auch vier zweigeschossige Chalets mit jeweils zwei modern möblierten Doppelzimmern und Küche direkt am Fluss gehören. Mehr als Badezeug brauchen Urlauber hier nicht. *Ágios Nikólaos* | *Tel. 69 77 63 10 53* | *www.vatsa.gr* | €€€

WHITE ROCKS [114 B2]
Hotel und Bungalows im Kiefernwäldchen direkt am Strand. *163 Zi.* | *Platís Jálos* | *Tel. 26 71 02 31 67* | *Fax 26 71 02 87 55* | *www.whiterocks.gr* | €€€

STRÄNDE

ANTÍSAMOS [113 E5]
Etwa 700 m langer, nahezu unverbauter und von Grün umrahmter Kiesstrand 5 km nordöstlich von Sámi. Hier wurden viele Szenen des Films „Corellis Mandoline" gedreht.

KAMÍNIA BEACH [115 F4]
Kilometerlanger, nur wenig besuchter Sandstrand im äußersten Inselsüden gegenüber von Zákinthos, flach abfallend. *Zufahrt ausgeschildert an der Straße Skála–Ratzaklí*

MAKRÍS JÁLOS/PLATÍS JÁLOS [114 B2]
Schöne, aber im Hochsommer sehr volle Sandstrände mit Tavernen, vielen Wassersportangeboten und Liegestuhlverleih auf der Argostóli abgewandten Seite der Lássi-Halbinsel. *Stündlich Linienbusverbindung zum nahen Argostóli*

MÍRTOS [112 C3]
Der steil abfallende, naturbelassene Sand- und Kieselsteinstrand liegt tief unterhalb der Küstenstraße zwischen der Steilküste. Er ist nur über einen kurvenreichen Feldweg erreichbar.

PALÍKI-HALBINSEL ★ [114 A–B2]
Auf der Palíki-Halbinsel gibt es viele wenig besuchte Strände. Rötlicher Sand erstreckt sich vor niedriger, weißer Kliffküste entlang der gesamten Südküste der Halbinsel von Lepéda bis Kounópetra.

AM ABEND

BASS CLUB [114 B2]
Die angesagte Insel-Disco. Jeden Do ab etwa 23 Uhr moderne „Greek Night" (garantiert ohne Folklore), Fr

und Sa internationale Discomusik bis mindestens 3.30 Uhr. *Argostóli | Odós R. Vergóti | www.bassclub.gr*

PUB OLD HOUSE **[114 B2]**

Rockmusik zum Zuhören, von Pink Floyd bis heute, ein langer Tresen, ein kleiner Garten und Leftéris, ein kommunikationsfreudiger Wirt. *Tgl. ab 20.30 Uhr | Argostóli | Odos Rizospáston/Odós Harbouri 13–15*

TO MANDOLÍNO **[114 B2]**

Klimatisierte Taverne mit kefallonischer Livemusik *(kantádes). Musik Mo, Do, Sa ab 21.30 Uhr | Argostóli | Platía Metaxá/Odós K. Vergóti*

AUSKUNFT

FREMDENVERKEHRSZENTRALE **[114 B2]**

Argostóli | Uferstraße, nahe dem Fähranleger | Tel. 26 71 02 22 48

FÄHRVERBINDUNGEN

Ganzjährig täglich von Sámi nach Pátras (Peloponnes), Pisoaetós und Vathí (Itháki) sowie von Fiskárdo nach Vassilikí (Léfkas).

Ganzjährig zwischen Agía Evfimía und Vathí (Itháki) sowie Ástakos (Festland) und zwischen Argostóli, Póros und Killíni (Peloponnes).

Von Mai bis Oktober zweimal täglich zwischen Pessáda und Skinári (Zákinthos).

Im Hochsommer täglich, sonst zweimal wöchentlich zwischen Fiskárdo und Fríkes (Itháki) sowie Nidrí (Léfkas).

Im Sommer mehrmals täglich zwischen Argostóli und Killíni (Peloponnes) sowie zwischen Sámi und Igoumenítsa (Festland), Páxi und Korfu. *Hafenpolizei in Argostóli | Tel. 26 71 02 22 24*

Nun kann der Urlaub beginnen! Nach Kefalloniá setzt man mit der gleichnamigen Fähre über

> WECHSELSPIEL VON MEER UND LAND

Von den Dünen im Norden bis zu den Kreidefelsen im Süden – ein Paradies für Strandliebhaber

> Léfkas, neugriechisch oft Lefkáda genannt, ist als einzige der Ionischen Inseln durch eine Brücke mit dem Festland verbunden. Sie ist ein Beweis griechischer Improvisationskunst: Statt teuer neu zu bauen, hat man einfach ein exakt passendes Fährschiff umgebaut und quer in den schmalen Kanal gelegt, der Léfkas seit römischer Zeit zur Insel macht. Will ein Schiff passieren, dreht die „Brücke" bei. Gleich hinter der originellen Brücke teilt sich an der Nordostspitze der Insel die Straße. Eine führt direkt über einen Damm, den die Briten einst anlegten, zur Hauptstadt *Lefkáda,* die andere umrundet die Lagune im Norden und passiert dabei einen kilometerlangen Sandstrand mit Dünen und idealen Bedingungen für Windsurfer.

Die Küstenorte liegen fast ausnahmslos an der Ostseite der Insel. In nahezu jedem hat man den Eindruck, am Ufer eines von Bergen und Hügeln umgebenen Sees zu stehen: Im

Bild: Kap Doukáto

LÉFKAS

Norden trennt Léfkas nur ein schmaler Sund vom akarnanischen Festland, weiter im Süden begrenzen nahe Halbinseln und Inselchen den Horizont, darunter auch *Skórpios,* die Privatinsel der Familie Onassis. Der einzige nennenswerte Ort an den übrigen Küsten ist das schöne, an einer weiten Bucht im Südwesten gelegene *Vassilikí.* Zum Ionischen Meer hin wird die Bucht von der weit vorspringenden *Halbinsel Lefkáda* begrenzt, deren Ufer auf weiten Strecken als hohe, weiße Kreideküste ins Meer abfallen. Stellenweise sind ihr idyllische Sandbuchten wie *Pórto Katsíki* vorgelagert, anderswo kilometerlange, nur schwer zugängliche und daher kaum besuchte Strände.

Wer Ruhe sucht auf der 35 km langen und bis zu 15 km breiten Insel, findet sie in den Bergdörfern hoch über der Westküste und im Inselinneren. Hier sind auch schöne Wande-

Klassizistischer Kirchenbau aus venezianischer Zeit in Lefkáda

rungen möglich. Bildungsreisenden hat Léfkas nur wenig zu bieten. Von der antiken Stadt, 640 v. Chr. von Korinth gegründet, ist kaum etwas erhalten. Auch aus venezianischer Zeit ließen die 24 Erdbeben, die Léfkas seit dem 15. Jh. erschütterten, kaum etwas stehen. Doch wer schöne Strände schätzt, wird sich auf der Insel wohlfühlen.

SEHENSWERTES & ORTE

ÁGIOS NIKÍTAS [110 B2]

Der einzige Badeort (110 Ew.), der unmittelbar an der Westküste und damit am offenen Meer liegt, drängt sich in einen schmalen Taleinschnitt, der nur Platz für eine (autofreie) Gasse bietet. Direkt vor dem Ort misst der Strand lediglich rund 50 m; ein langer Sandstrand schließt sich nördlich an. Er ist vor allem bei Urlaubern mit Wohnmobil beliebt.

Insider Tipp **ARCHÄOLOGISCHES MUSEUM** [110 C1]

Modern gestaltetes Museum im Kulturzentrum von Léfkas, in dem auch wechselnde Ausstellungen stattfinden. Das Museum zeigt Funde von archäologischen Ausgrabungen auf der Insel. Viele sind museumspädagogisch gut erklärt.

Die erste Vitrine gleich neben der Kasse ist der antiken Musik gewidmet. Aus Kindergräbern des 5. Jhs. v. Chr. stammen vier bewegliche Terrakottapuppen in Saal C. Dort sind auch steinerne Urnen und Grabdenkmäler zu sehen; ein kleiner Teil eines antiken Friedhofs wurde rekonstruiert. Saal D ist dem deutschen Archäologen Wilhelm Dörpfeld und seinen Funden gewidmet. *Di–So 8.30–15 Uhr | Eintritt 2 Euro | Lefkáda | Odós Ang. Sikelianoú/Odós N. Svorónou (am nördlichen Ende der Uferstraße)*

KALAMÍTSI [110 B2]

Das kleine Binnendorf (200 Ew.) oberhalb des langen Sandstrandes von *Káthisma* liegt in 380 m Höhe über der Westküste. Es ist einerseits ganz ländlich: Hühner, Ziegen und

Esel laufen ungehindert zwischen Gärten und Feldern umher, das ganze Dorf wirkt urig-chaotisch. Andererseits gibt es hier aber auch eine ganze Reihe von Pensionen und Privatzimmern, einige wenige Tavernen und sogar einen modernen Caféclub, in dem man aber leider die Musik schon tagsüber etwas zu laut laufen lässt.

KARIÁ [110 B2]

Im größten Bergdorf der Insel (1000 Ew.) stehen noch viele traditionelle Häuser. Vor allem am späten Nachmittag ist der von alten Platanen beschattete Dorfplatz mit seinen guten Tavernen voller Leben. Am oberen Dorfrand steht ein kleines, privates *volkskundliches Museum (tgl. 9–21 Uhr).*

KLOSTER FANEROMÉNIS [110 C1]

Das einzige noch bewohnte Kloster der Insel liegt in einem Wäldchen oberhalb von Lagune und Stadt. Es wurde in den letzten Jahren aufwendig restauriert, sogar erweitert und um einen schönen Garten bereichert. Jetzt ist zusätzlich ein Klostermuseum in Bau. Besonders stimmungsvoll ist ein Besuch des Nachtgottesdienstes, der jeden Mittwoch zwischen 20 Uhr und Mitternacht stattfindet. *14–16 Uhr geschl. | 4 km oberhalb von Lefkáda an der Straße nach Ágios Nikítas*

LEFKÁDA [110 C1]

KARTE IN DER HINTEREN UMSCHLAGKLAPPE

Den besonderen Reiz der Inselhauptstadt (7000 Ew.) macht ihre Lage zwischen der Lagune und dem engen Sund aus, der Léfkas vom Festland trennt. An den Gassen der Stadt haben viele Häuser das Erdbeben von 1953 überstanden, weil ihre Obergeschosse in türkischer Bauweise aus Holz statt aus Stein waren. Diese Holzfassaden sind allerdings nur noch selten zu erkennen, da sie inzwischen häufig mit Wellblech oder Kunststoff verkleidet wurden. Dadurch wirkt die Inselhauptstadt einerseits etwas provisorisch. Andererseits wurden viele Gassen neu und schön gepflastert; viele Fassaden sind inzwischen in verschiedenen Pastelltönen gestrichen. Dadurch ist die Stimmung recht mediterran. Auch einige Kirchen aus venezianischer Zeit blieben erhalten, wenn die Glockentürme nach 1953 auch durch ausgesprochen hässliche Eisenkonstruktionen ersetzt werden mussten.

Sozialer Mittelpunkt der Stadt ist die Platía mit Kiosk und Cafés. Dort beginnt rechts neben der Kirche

MARCO POLO HIGHLIGHTS

★ **Kap Doukáto**
Aussichtspunkt an der Hauptschifffahrtsstraße (Seite 54)

★ **Pórto Katsíki**
Traumstrand vor weißer Steilküste (Seite 54)

★ **Meganísi**
Insel mit drei Dörfern und wenig Fremden (Seite 60)

★ **Nikópolis**
Eindrucksvolle Reste einer byzantinischen Stadt auf dem Festland (Seite 60)

Ágios Spirídonis die Gasse *Odós Dimarhou Verrioti* mit originellen Handwerksbetrieben vom Sargtischler über den Ikonenmaler bis zum Zahntechniker, dem man durch ein großes Schaufenster bei der Arbeit zusehen kann. Die Haupteinkaufs-

Winterschauspiel: Der Wasserfall bei Nídri rauscht nur von Herbst bis Frühjahr

straßen sind die weitgehend autofreien *Odós Derpfeld* und ihre Verlängerung, die am Straßenmarkt endende *Odós Méla,* die zusammen gemeinhin auch als *agorá,* also als Marktgasse, bezeichnet werden. Abends herrscht in den vielen Cafébars an der Uferstraße entlang des Fischerhafens am meisten Betrieb.

LEFKÁTA-HALBINSEL **[110 A5–6]**

Eine der herausragenden Küstenszenerien Griechenlands bietet die Halbinsel Lefkáta mit ihren weißen Kreideklippen. Bis zur Bucht von Pórto Katsíki ist die Straße asphaltiert, dann führt ein guter Feldweg weiter gen Süden bis zum ★ *Kap Doukáto*. Heute steht hier nur noch ein Leuchtturm, an dem ständig Schiffe auf dem Weg zwischen Italien und dem Golf von Pátras vorüberziehen. Zwischen Athaní und dem Kap Doukáto zweigt eine andere Straße zur Bucht von ★ *Pórto Katsíki* ab, einem hellen Streifen Sand tief unterhalb der kreideweißen Steilküste. Sein Bild findet man auf vielen Postern, mit denen die griechische Fremdenverkehrszentrale wirbt. Verschiedene andere hervorragende Strände sind über Straßen und Pisten von Athaní aus zu erreichen.

LIGIÁ **[110 C2]**

Das unscheinbare kleine Dorf mit kleinem Kiesstrand ist eins der großen Fischereizentren Westgriechenlands. Im Hafen liegen immer einige große *kaíkis* (traditionelle Holzboote); die Kaffeehäuser am Kai sind ganz auf die Fischer abgestellt.

NIDRÍ **[110 C3]**

Der lebhafteste Urlaubsort der Insel und zugleich ihr wichtigster Fährhafen liegt landschaftlich besonders ansprechend mehreren Inselchen gegenüber am Eingang zur grün umsäumten Bucht von Vlichó. Sein lebhafter Mittelpunkt ist der Hafen, von dem aus Autofähren nach Meganísi, Itháki und Kefalloniá auslaufen sowie Ausflugsboote zur Onassis-Insel Skórpios, zu Fahrten rund um die Insel und Kreuzfahrten zu den anderen Ionischen Inseln. Hier steht ein modernes *Denkmal* für den auch als Ehemann von Jaqueline Kennedy berühmt gewordenen Reeder und Milliardär Aristoteles Onassis (1906–75).

Schön ist eine Wanderung von hier aus zum 3 km entfernten *Wasserfall* in einer kleinen, engen Schlucht, der aber nur bis etwa Mai Wasser führt. Am südlichen Ortsrand durchschneidet die Hauptstraße eine 1905–12 freigelegte *Nekropole* mit 33 Gräbern aus der frühen Bronzezeit, von denen allerdings nur noch wenige zu erkennen sind (ausgeschildert mit „Early Bronze Age Tumuli"). Nidrí gegenüber liegt das Inselchen *Madouri* mit der klassizistischen Villa des lefkadischen Lyrikers Aristotéles Valaorítis (1824–79).

SANTA MAURA [110 C1]

Rund um die Festung auf der Festlandsseite des Kanals, der Léfkas von Akarnanien trennt, lag im Mittelalter die Inselhauptstadt. In ihrer heutigen Form stammt sie aus dem Jahr 1684.

SIVÓTA ▶▶ [110 C5]

Das ehemalige Fischerdorf an einer engen, windgeschützten Bucht ist besonders abends reizvoll, wenn hier Dutzende von Segelyachten festmachen. An der fjordartigen Bucht gibt es nur winzige Kieselstrände, dafür jedoch zahlreiche Fischtavernen und Bars direkt am Ufer, die auf zahlungskräftiges Abendpublikum warten.

VASSILIKÍ [110 B5] Insider Tipp

In diesem Dorf (370 Ew.) im Inneren einer weiten, für Windsurfer idealen Bucht stehen noch einige alte Häuser. Die Uferfront wird von zahllosen Restaurants unter hohen Eukalyptusbäumen gesäumt; unmittelbar am Ortsrand beginnt ein kilometerlanger Kies-Kieselstrand. Vom Kai des Ortes aus fahren Badeboote zu den Sandstränden auf der Lefkáta-Halbinsel und Autofähren nach Itháki und Kefalloniá.

VLICHÓ [110 C4]

Vlichó liegt am innersten Ende einer Bucht und ist ringsum von grünen Hügeln umgeben. Am Ortsrand werden auf einer kleinen, traditionellen Werft noch *kaíkis* gebaut und repariert; von Vlichó aus führt eine schmale Straße auf die bewaldete Halbinsel *Xerónisso* mit vielen kleinen, schönen Stränden.

ESSEN & TRINKEN

LIGHTHOUSE [110 C1]

Im windgeschützten Garten der kleinen, alteingesessenen Taverne sitzt man ruhig und kann griechische Spezialitäten genießen. Wirt Sotíris hat lange in Washington D. C. gearbeitet und spricht ausgezeichnet Englisch. Reservierung empfehlenswert. *Tgl. ab 17 Uhr | Lefkáda | Odós Filarmonikís 14 | Tel. 26 45 02 51 17 |* €€

NAUTILUS [110 B2]

Die rustikalen Holzmöbel des Lokals hat der Wirt alle selbst gefertigt. Auch der Pizzateig ist hier hausgemacht, die Lieferanten für Fleisch, Wurst und Käse sind auf der Karte ausgewiesen. Der Belag ist üppig, der Preis stimmt. *Lefkáda | Kentrikí Platía* | €

NIK THE GREEK [110 C3]

Alte Taverne. Große Auswahl auch an frischem Fisch. *Nidrí | an der Uferpromenade* | €

Insider Tipp **OÁSIS** [110 A5]

Waldtaverne, deren Tische locker unter Bäumen stehen. Lamm- und Ziegenfleisch aus eigener Schlachtung, Wildkaninchen, Schafmilchjoghurt. Käse aus eigener Produktion. *An der Straße vom 8 km entfernten Athaní nach Pórto Katsíki* | €€

O GIÁNNIS [110 C2]

Urige Fischtaverne. Tische und Stühle stehen teilweise direkt auf einem schmalen Kiesstrand. *Ligiá | am Hafen* | €€€

Insider Tipp **O PLÁTANOS** [110 C3]

Gartentaverne eines Athener Zahnarztes und Hobbykochs. Lamm- und Schweinekoteletts werden nach Gewicht verkauft, Spezialitäten sind Lamm aus dem Backofen und Lammleber. *Tgl. ab 20.30 Uhr | Vafkéri | an der Kirche an der Hauptstraße* | €€

PANORAMIC VIEW [110 A4]

Taverne mit grandioser Aussicht. Hier werden alle Gerichte noch von der Wirtsfamilie selbst zubereitet. Große Auswahl an vegetarischen Spezialitäten, ausgezeichnete Spaghetti. *Athaní | am Dorfplatz* | €

PIPÉRI [110 C3]

Das am schicksten gestylte Restaurant am Hafen von Nidrí bietet seltene Spezialitäten aus ganz Griechenland wie den gemischten Salat *politikí* aus Makedonien, das Platterbsenpüree *fáva* aus Santorin und Lamm in Joghurtsoße als Reminiszenz ans heute türkische Smýrna (Izmir). Auch diverse griechische Käse stehen zur Auswahl. *Nidrí | Hafen-*

Treffpunkt, Klatschbörse und Kommunikationszentrum: das Kaffeehaus

promenade, 20 m südlich des Fähranlegers nach Meganísi | €€€

PLÓTO ▶▶ [110 B2]
Treffpunkt der Inseljugend bei Tag und Nacht ist die auf den zwei Decks eines nachgebauten Segelschiffs untergebrachte Bootsbar. Tagsüber werden Távli und Monopoly gespielt, abends gibt's fetzige Musik. *Lefkáda*

Insider Tipp **YACHT BAR** ▶▶ [110 C5]
Die Bar am südwestlichen Ende der Uferstraße von Sivóta ist der schönste Platz, um am Nachmittag die Segler einlaufen zu sehen, die dann häufig hier ihren Late Night Cup nehmen. *Tgl. ab 8 Uhr*

EINKAUFEN

MASTIHA SHOP [110 B2]
Das Kernsortiment bilden Kosmetikprodukte, Spirituosen, Marmeladen und Kaugummis (hergestellt unter Verwendung des Harzes des Mastixstrauchs), die von der nordostägäischen Insel Chíos stammen. Daneben findet man auch lefkadische Spezialitäten und den seltenen Zimtlikör *Kentoúra* aus Patras. *Lefkáda | Odós Derpfeld 4* | *www.mastihashop.com*

Insider Tipp **PANAJÓTIS FRANGOÚLIS** [110 C1]
Das originelle Geschäft ist zugleich auch Destillerie. Der Ouzo und der Brandy sowie die verschiedenen Liköre, die man hier kaufen kann, werden im Laden selbst hergestellt. *Lefkáda | Odós Mitropóleos 4* | *www.fragoulis.com*

STAVROÚLA STAVRÁKA [110 B2]
Die Leinen- und Baumwollstickereien in diesem Laden wurden tatsächlich von den Frauen des Dorfs gefertigt. *Kariá | am oberen Rand der Platía*

ÜBERNACHTEN

APOLLO [110 B5]
Kleines, familiär geführtes Hotel mit 34 Zimmern und blumenreicher Fassade im traditionellen Stil. *Vassilikí | Tel. 26 45 03 11 22 | Fax 26 45 03 11 42* | €€

FANTÁSTICO [110 B2]
Studios und Apartments für zwei bis fünf Personen in fantastischer Hanglage mit Blick aufs Meer. *8 Apts. | Kalamítsi | am Ortsrand | Tel. 26 45 09 93 90* | €

LÉFKAS [110 C1]
Größtes Hotel in der Inselhauptstadt, am Beginn des Damms zum Festland. *93 Zi. | Lefkáda | Odós Panagoú 2 | Tel. 26 45 02 39 16 | Fax 26 45 02 45 79* | €€

ODÉON [110 B5]
Moderne Studios und Apartments mit Balkons und schönem Blick in einem Haus mit Pool, direkt am Strand und 800 m vom Ortszentrum. *17 Apts. | Vassilikí | abseits der Straße Richtung Komílio | Tel. 26 45 03 19 18 | Fax 26 45 03 19 19* | *www.vassiliki.com* | €€–€€€

PANORAMIC VIEW [110 A4] Insider Tipp
Pension mit gutem Preis-Leistungs-Verhältnis mitten im Dorf, Zimmer zum Teil mit Panoramablick. Aufgrund der Lage nur motorisierten Urlaubern zu empfehlen. *10 Zi. und 8 Studios | Athaní | im Dorfzentrum | Tel. 26 45 03 32 91* | €

Insider Tipp **PIROFÁNI** [110 C1]
Moderne Pension, sehr zentral gelegen, gutes Preis-Leistungs-Verhältnis, freundliche Wirtsfamilie. Alle Zimmer mit Balkon, Klimaanlage und Kühlschrank. *Lefkáda | Odós Derpfeld 36 | Tel. 26 45 02 58 44 | Fax 26 45 02 40 84* | €€

PORTO GALINI [110 C3]
Harmonisch in die Landschaft eingefügtes Hotel mit 136 großen Zimmern in 39 ein- und zweigeschossigen Gebäuden oberhalb eines schmalen Kiesstrandes in sehr ruhiger Lage. Ausgezeichnet mit einem Preis für gute Hotelarchitektur. Großes Angebot an Wassersportmöglichkeiten. *Maganá Nikianás | 4 km nördlich von Nidrí unterhalb der Küstenstraße | Tel. 26 45 09 24 31 | Fax 26 45 09 26 72 | www.portogalini.gr* | €€€

>LOW BUDGET

> Um zu sehen, wo Onassis & Co ihr Geld verprassten, muss man nicht unbedingt einen Bootsausflug um Skórpios buchen. Wer die Insel nur aus der Nähe sehen will, ohne dort zu baden, hat dazu auch von der Meganísi-Fähre aus gute Gelegenheit, die ganz nah an Skórpios vorüberfährt. So zahlt man für die Tour hin und zurück nur 4 Euro und kann auch noch Meganísi kennenlernen.

> Billig und gut ist das *Kafenío Karfákis* Der Mokka kostet hier nur 1 Euro, ein 0,2-l-Glas Rotwein bekommt man samt einem Tellerchen mit Pommes, Oliven, Paprika, Saubohnen, kleinen Fischen, Tomate und Brot schon für 2 Euro. *Tgl. ab 8 Uhr | Lefkáda | Odós Stratigoú Méla 127*

VÍLLA DELFÍNI [110 B5] Insider Tipp
Ruhig gelegene, traditionelle Villa, etwa 5 Gehminuten vom Dorfzentrum und nur 40 m vom Meer entfernt. Große Gemeinschaftsküche, griechisch-schweizerische Wirtsfamilie. *6 Zi. und 1 Studio für bis zu 5 Personen | Vassilikí | abseits der Uferstraße am südlichen Ende des Ortes | Tel. 26 45 03 15 84 | Fax 26 45 03 17 94 | www.vasiliki.ch/en/lodging/delfini* | €

STRÄNDE

Die schönsten Strände liegen auf der Nehrung von Lefkáda nördlich der Lagune, an der Bucht von Vassilikí und unterhalb von Athaní auf der Lefkáta-Halbinsel (Pórto Katsíki, Gialós und Agrémni Beach). Sehr stark besucht sind die Strände von Ágios Nikítas und Káthisma an der nördlichen Westküste und von Póros, 5 km unterhalb des gleichnamigen Dorfs an der Südküste. Weniger frequentiert ist der Kiesstrand von Mílos, den man ab Ágios Nikítas nur zu Fuß (25 Minuten) erreicht.

AM ABEND

Diskothekenschwärmer werden auf Léfkas nicht richtig glücklich sein. Die Auswahl ist äußerst gering. Noch am lebhaftesten geht es zu im auch tagsüber geöffneten Open-Air-Discocafé ▶▶ *Sail-Inn (Nidrí, am Strand Richtung Lefkáda)* und in der Disco *Tropicana (Nidrí, am südlichen Ende der Hauptdurchgangsstraße)*. In der Inselhauptstadt trifft sich die Jugend im ▶▶ *Kálma (Lefkáda, Odós Der-*

feld 1). Schöne Musikcafés direkt am Meer, wo sich der Wellenschlag mit den Klängen der CDs vermischt, sind der Caféclub *Liotrívi (Sivóta)* und die *Kafetéria Barbarossa (Ágios Nikítas).*

im Haupt- und Hafenort *Kálamos,* kleine Kieselsteinstrände beim Weiler *Episkopí.* Regelmäßige Verbindungen bestehen nach Mítikas (Festland); von Lefkáda aus werden im Sommer gelegentlich Ausflüge nach

Blau und weiß: Diente das Meer bei Ágios Nikítas als Vorlage für die griechische Flagge?

Kálamos angeboten. Übernachten kann man in wenigen Privatzimmern.

AUSKUNFT

In den privaten Reisebüros in Lefkáda, Nidrí und Vassilikí. Für Schiffsauskünfte am besten: *Borsalino Travel (Nidrí | an der Durchgangsstraße nahe dem Hafen | Tel. 26 45 09 25 28 | Fax 26 45 09 27 16 | borsalin@otenet.gr).*

ZIELE IN DER UMGEBUNG

KÁLAMOS [111 E–F4–6]

Die nur 24 km² kleine, aber bis zu 785 m hohe Insel (250 Ew.) ist nahezu autofrei. Drei Tavernen gibt es im Haupt- und Hafenort *Kálamos,* kleine Kieselsteinstrände beim Weiler *Episkopí.*

KASTÓS [111 F5–6]

Der Inselwinzling (7 km², 40 Ew.) ist autofrei. Es gibt zwei Tavernen; einfachste Übernachtungsmöglichkeiten bestehen im Gemeindehaus des einzigen Inselortes, von dem mehrere kleine Sandstrände zu Fuß erreichbar sind. Regelmäßige Fährverbindung besteht nur mit Mítikas (Festland). Ab Lefkáda werden im Sommer gelegentlich Bootsausflüge angeboten.

MEGANÍSI ★ [110–111 C–D4–5]

Meganísi (500 Ew.) ist das größte der Inselchen zwischen Léfkas und dem Festland und wegen seiner Ursprünglichkeit einen Besuch wert. Die mehrmals täglich zwischen Nidrí und der Insel verkehrenden Autofähren laufen zunächst den Hafen *Pórto Spília* mit kurzem Strand und Taverne an, danach den Haupthafen *Vathí*. Die Inselstraße führt von Vathí in 15 Gehminuten zum Binnendorf *Katoméri,* in weiteren 60 Gehminuten ins besonders schöne Binnendorf *Spartochóri* und von dort in 10 Gehminuten zum Hafen Pórto Spília. Die luxuriöseste Unterkunft ist das *Esperídes Resort* zwischen Pórto Spiliá und Spartochóri *(50 Zi. | Tel. 26 45 05 17 61 | Fax 26 45 05 17 64 | www.esperides-resort.gr | €€€)*, familiär wohnt man im Hotel *Meganísi* am Ortsrand von Katoméri *(35 Zi. | Tel. 26 45 05 12 40 | www.ionianislandholidays.com | €€)*.

NIKÓPOLIS ★ [0]

Eindrucksvolle Überreste aus der Antike stehen nur 9 km von Préveza entfernt auf dem Festland. Von Léfkas aus sind sie bequem auch mit dem Linienbus zu erreichen. Der Ausflug lohnt selbst für archäologisch nicht sonderlich Interessierte.

Nikópolis wurde 30 v. Chr. von Octavian, dem späteren römischen Kaiser Augustus, zur Erinnerung an seinen Seesieg über Antonius und Kleopatra gegründet und war bis ins 13. Jh. hinein besiedelt. Ihre Glanzzeit erlebte die Stadt in frühbyzantinischer Zeit in den Jahren zwischen etwa 500 und 600. Damals entstanden Basiliken, von denen noch

> BÜCHER & FILME

Natürlich spielt Odysseus eine Hauptrolle

- **Odyssee** – Das über 2700 Jahre alte Epos des Homer gibt es in zahlreichen deutschsprachigen Ausgaben, sowohl in Vers- als auch in Prosaform. Erschienen ist die Irrfahrt des Odysseus auch als 423 Minuten langes Hörbuch auf 6 CDs. Und auch mehrfach verfilmt wurde die Odyssee: von Franco Rossi mit Bekim Fehmiu und Irene Papas (1968, 3 DVDs), von Mario Camerini mit Kirk Douglas und Silvana Mangano (1954, 2 DVDs) und als TV-Serie mit Armand Assante und Greta Scacchi (1997, DVD)
- **Eine ganz gewöhnliche Ehe – Odysseus und Penelope** – Sehr locker und aus einer ungewöhnlichen Perspektive erzählt die Altphilologin Inge Merkel die Geschichte in Romanform
- **Corellis Mandoline** – Der Bestsellerroman von Louis de Bernières wurde auch verfilmt: 2001 von John Madden mit Nicolas Cage und Penelope Cruz. Der Roman spielt auf Kefalloniá während des Zweiten Weltkrieges
- **Werke** – Seit 2001 liegt nahezu das gesamte Werk des aus Zákinthos stammenden Dichters und Lyrikers Dionýsios Solomós (1798–1857) auf 304 Seiten in deutscher Übersetzung vor. Von ihm stammt auch der Text der griechischen Nationalhymne

Grundmauern, Steinmetzarbeiten und Mosaikfußböden erhalten sind. Am eindrucksvollsten ist jedoch die weitgehend noch in voller Höhe erhaltene byzantinische Stadtmauer mit ihren Toren und Türmen. Auch das Amphitheater zeugt trotz zerstörter Ränge von der Größe der einstigen Stadt *(Ausgrabungen der byzantinischen Stadt größtenteils frei zugänglich. Ausgrabungen der antiken Stadt tgl. 8.30–15 Uhr | Eintritt 2 Euro).* Im kleinen *Grabungsmuseum (Di–Fr 8.30–15, Sa/So 8–15 Uhr | Eintritt 3 Euro)* am Rand der Doumetios-Basilika sind römische Skulpturen, Gläser und Münzen zu sehen. *Museum und Ausgrabungen liegen an der Hauptstraße Préveza–Arta | Linienbusse ab Préveza*

PRÉVEZA **[0]**

Préveza (15 000 Ew.) ist eine auf drei Seiten vom Meer umspülte Kleinstadt mit ein wenig orientalischem Flair. Sie liegt am Eingang zum Ambrakischen Golf, der sich von hier aus 35 km tief landeinwärts erstreckt. Seit dem Sommer 2002 führt ein Straßentunnel unter dem Eingang zum Golf hindurch.

Auf der anderen Seite der Golf-Öffnung kennzeichnet ein kleines Fort den Standort des antiken *Aktion,* das der Seeschlacht ihren Namen gab. Dieser Entscheidungskampf zwischen Antonius und Kleopatra einerseits und Octavian andererseits fand 31 v. Chr. allerdings weit draußen auf dem Meer statt.

In der Stadt lohnt vor allem ein Bummel durch die Haupteinkaufsstraße und durch die kleine Markthalle. Viele Wohnhäuser aus dem 19. Jh. sind erhalten; in der Kirche *Ágios Athanássios* sind noch Wandmalereien zu sehen. *Linienbusse von Lefkáda ins 21 km entfernte Préveza mehrmals täglich*

SKÓRPIOS **[110–111 C–D4]**

Die Privatinsel der Familie Onassis darf nicht betreten werden. Doch ein Blick vom Boot aus auf die Privatstrände und die Dächer der Häuser regt sicherlich dazu an, sich vorzustellen, wie der Tankerkönig erst mit der Operndiva Maria Callas und dann mit Jackie Onassis hier lebte.

Nikópolis: gut erhaltener Mosaik-Fußboden aus dem 6. Jh.

VÓNITSA **[0]**

Die Kleinstadt (3800 Ew.) am Südufer des Ambrakischen Golfs wird von einer gut erhaltenen venezianisch-türkischen *Burg* überragt. *Burg frei zugänglich | Linienbusse von Lefkáda ins 20 km entfernte Vónitsa mehrmals täglich*

> DIE BLUME DER LEVANTE

Eine Insel im Widerspruch zwischen Naturschutz und touristischer Entwicklung

> Die Venezianer nannten ihre südlichste Besitzung im Ionischen Meer „Fior di Levante“, Blume der Levante. Sie schätzten die Fruchtbarkeit der 406 km² großen Insel, ihre guten Weine, die liebliche Landschaft und die aristokratische Schönheit der Inselhauptstadt. Die Strände bedeuteten ihnen nichts.

Die Ausländer von heute kommen aber gerade der vielen guten Sandstrände wegen. Die schönsten, die an der Bucht von Laganás, werden zugleich jedoch schon seit Menschengedenken von Meeresschildkröten zur Eiablage aufgesucht. Daraus ist in den 80er-Jahren ein Interessenkonflikt erwachsen, der zum Teil sogar mit brutaler Gewalt ausgefochten wurde. Die einen wollten am Strand noch mehr Hotels, Apartments, Tavernen und Geschäfte errichten; die anderen wollten die gesamte Bucht zum Nationalpark erklärt wissen und riefen zum Touristenboykott der In-

Bild: typische Badebucht

ZÁKINTHOS

sel auf. Herausgekommen ist schließlich ein Kompromiss. Die *Bucht von Laganás* wurde im Dezember 1999 zum Meeresnationalpark erklärt. Der Strand von Sekaniá an der Westseite der *Skopós-Halbinsel* darf überhaupt nicht betreten werden. Vor den anderen Stränden an der Westseite dürfen keine Boote fahren. In der übrigen Bucht von Laganás ist die Höchstgeschwindigkeit für Motorboote auf sechs oder acht Knoten beschränkt; im Dreieck zwischen Laganás, Límni Kerioú und dem Inselchen Marathonísi dürfen Boote weder ankern noch anlegen. An den Touristenstränden ist das Baden weiterhin gestattet; Informationsstände der Nationalparkverwaltung klären hier aber über das richtige Verhalten zum Wohl der Meeresschildkröten auf.

Ebenso attraktiv wie für die Schildkröten ist *Zákinthos* für Urlauber. Das Zentrum der Hauptstadt wirkt mit seinen großen und kleinen Plätzen sehr großzügig; die lang gestreckte Lage zwischen dem Meer und dem niedrigen Hügelzug von Bocháli sorgt dafür, dass der Ort nicht ausufern kann. Die bizarre Felsknolle auf dem Gipfel des 492 m hohen Skopós bildet einen markanten Fixpunkt am Horizont.

Ganz im Gegensatz zur üppigen Fruchtbarkeit stehen große Areale des Berglands im Westen, in dem sich nur stellenweise Wälder oder Getreidefelder finden. Während die Ostküste großenteils von einem schmalen Strandstreifen gesäumt ist, fällt die Küste im Westen fast durchweg steil und steinig direkt ins Meer

Beherbergt mehr Boote als Einwohner: der Hafenort Ágios Nikólaos in der Bucht von Skinári

ab. Nur an einigen Stellen sind ihr fast noch unberührte Sandstrände wie der *Schiffswrackstrand* vorgelagert, die nur mit dem Boot erreicht werden können.

Die Insel ist klar gegliedert. Entlang der West- und Ostküste verläuft jeweils ein Hügelzug. Im Osten ist er grün und niedrig, im Westen steigt er bis auf 756 m Höhe an. Die breite Ebene dazwischen wird landwirtschaftlich intensiv genutzt, dort liegen die meisten Inseldörfer und dazwischen Landgüter, die mit ihren ansehnlichen Portalen und langen Zufahrten an die Toskana erinnern.

Die Zakinther gelten als besonders fröhliche Menschen. Sie feiern den Karneval intensiver als Bewohner anderer Ionischer Inseln – und sie singen auch noch häufiger. Ihre typischen Lieder sind die italienisch anmutenden *kantádes,* die nichts gemein haben mit der stark vom Orient beeinflussten Volksmusik auf den Ägäischen Inseln und der Festlandsgriechen. *Kantádes* kann man auch als Fremder kennenlernen: Im Sommer werden sie in einer Reihe von Tavernen an jedem Abend gesungen.

SEHENSWERTES & ORTE

AGALÁS [116 C5]

Insider Tipp

Im Zentrum des weltabgeschiedenen Dorfs zeigt ein Wegweiser mit der Aufschrift „Venetian Wells" zu den 1500 m entfernten *Andrónios Wells,* elf gut erhaltene Zisternen aus venezianischer Zeit. Sie liegen idyllisch in einem von Weinreben bestandenen Hochtal *(frei zugänglich; vom Dorf aus dem Wegweiser folgen und dann an der Gabelung weiter geradeaus, bis der Asphalt endet).*

Auf dem Weg zu den Zisternen sieht man auf der gegenüberliegenden Seite des Tals eine Höhlenöffnung im Fels, zu der man anschließend fahren kann. Die doppelstöckige, *Spíleo tou Damianoú* genannte Höhle ist 200 m vom Parkplatz entfernt, der schöne Weg ist das eigentliche Ziel. Im Dorfzentrum lohnt schließlich direkt an der Hauptstraße Richtung Kilioméno die *Art Gallery (tgl. 10–14.30 Uhr u. Mo–Sa 18–21 Uhr)* einen Kurzbesuch.

ÁGIOS NIKÓLAOS/SKINÁRI [116 B2]

Der kleine Ort an der Bucht von Skinári zählt nur 30 ständige Bewohner, ist aber der zweitwichtigste Hafen der Insel. Von hier aus fahren nicht nur Ausflugsboote zu den Blauen Grotten und zum Schiffswrackstrand, sondern zweimal täglich auch Autofähren nach Pessáda auf Kefalloniá. Der Ortsstrand aus Sand und Kieselsteinen ist nur etwa 100 m lang.

ALIKÉS [116 C3]

Der besonders von britischen Urlaubern geschätzte, nur locker bebaute Küstenort am Rand nicht mehr wirt-

MARCO POLO HIGHLIGHTS

★ **Blaue Grotten (Galázia Spílea)**
Ein Bad in einer schönen Höhle (Seite 66)

★ **Zákinthos-Museum**
Die Malkunst der Ionischen Inseln (Seite 74)

★ **Loúcha**
Altertümliches Dorf abseits der Touristenpfade (Seite 70)

★ **Bocháli**
Pinienhain in mittelalterlichen Mauern und ein tolles Panorama (Seite 66)

★ **Apeláti**
Pension und Taverne inmitten von Ölbäumen und Weingärten (Seite 78)

★ **Arékia**
Jeden Abend echt zakinthische Kantádes live (Seite 80)

★ **Olympia**
Heiligtum und Ursprungsort der Olympischen Spiele (Seite 81)

★ **Schiffswrackstrand (Navagíou)**
Im Boot zu einem gestrandeten Schiff (Seite 73)

schaftlich genutzter Salinen liegt abseits aller Durchgangsstraßen direkt an einem kilometerlangen, schmalen Sandstrand. Abends sind hier fast mehr Pferdekutschen als Autos unterwegs. Das Preisniveau ist auffällig niedrig. Reizvoll ist der kleine Fischerhafen in einer Flussmündung. Etwa 150 m flussaufwärts überspannt eine sechsbogige Brücke aus venezianischer Zeit das Gewässer.

Insider Tipp

ÁNO GERAKÁRI [117 D3]

Am höchsten Punkt des Binnendorfs bietet der Vorhof der Kirche *Ágios Nikólaos* einen sehr guten Blick über die Insel. Sein Auto lässt man am besten schon vor dem Dorfeingang stehen, da es im Dorf und oben an der Kirche kaum Parkmöglichkeiten gibt.

ARGÁSSI [117 E4]

Der vor allem bei Briten beliebte Urlaubsort erstreckt sich entlang eines langen, schmalen Sandstrandes und der Hauptstraße auf die Skopós-Halbinsel, wuchert aber auch immer weiter landeinwärts aus. Schön ist der Blick auf Zákinthos-Stadt. Einzig eine dreibogige Brücke aus dem Jahr 1803, als die Insel unter britischer Verwaltung stand, zeugt davon, dass Argássi auch vor den Zeiten des Massentourismus schon bewohnt war. Die Brücke steht heute funktionslos auf dem Strand vor dem Hotel Xénos Kamára Beach (aus Richtung Stadt 30 m hinter der Tankstelle).

BLAUE GROTTEN (GALÁZIA SPÍLEA) ★ [116 B1]

Die Blauen Grotten von Zákinthos stehen ihren Namensvettern auf Capri in nichts nach. Vorbei an natürlichen Felsentoren und bizarren Küstenformationen fährt man mit dem Boot in die Höhlen hinein und kann dort im glasklaren, blau und türkis schimmernden Wasser schwimmen. Boote zu den Grotten fahren in bedarfsgemäßen Abständen ab Ágios Nikólaos/Skinári und von der Mole unterhalb des Leuchtturms am Kap Skinári. Außerdem gibt es Bootstouren dorthin ab Zákinthos-Stadt und ab Makrís Gialós.

BOCHÁLI ★ [117 D–E4]

Das Dorf auf dem lang gestreckten Hügelzug oberhalb der Inselhauptstadt ist ein ideales Ziel für den späten Nachmittag und frühen Abend. Zunächst kann man die weitläufige venezianische *Festung Bocháli (Mai, Juni, Sept. tgl. 8–19 Uhr, Juli, Aug. tgl. 8–20 Uhr, Okt.–April tgl. 8–14.30 Uhr | Eintritt 3 Euro)* besuchen, die fast vollständig von alten Pinien bewachsen ist. Sie bilden hier einen richtigen Wald. Die Außenmauern und Tore sind gut erhalten, von den übrigen Bauten wie Pulvermagazinen, Kirchen und Kasernen ist nur wenig erhalten. Auf dem höchsten Punkt der Festung steht strategisch günstig eine Cafébar. *Gebührenfreie Parkplätze direkt vor dem Eingang zur Festung*

Nach dem Besuch der Festung können Sie dann zum etwa 400 m entfernten Hauptplatz des Dorfs bummeln, der direkt über dem Steilhang des Hügelzugs liegt. Der Blick hinunter auf die Stadt, den Hafen und den Peloponnes ist grandios. *Gebührenpflichtiger Privatparkplatz an der Dorfstraße.*

ÉXO CHÓRIA [116 B3]

Die Platía des Binnendorfs mit ihrer riesigen, uralten Platane liegt an der Inselrundstraße. Von hier aus gelangt man auch zu den nur 50 m entfernten, über zwei Dutzend venezianischen Zisternen, die direkt neben der Hauptstraße in Richtung Volimés auf einem Feld stehen. Sie sind allerdings viel schlechter erhalten als die von Agalás.

GÍRI [116 B–C3]

Das am höchsten gelegene Inseldorf ist ein besonders schöner, ursprünglicher Ort. In seiner Umgebung zeugen einige Windmühlenstümpfe und alte Dreschplätze vom früher hier intensiv betriebenen Getreideanbau. Das Erdbeben von 1953 hat in Gíri kaum Schäden angerichtet. Einen Blick lohnt die Steinmetzwerkstatt am Dorfeingang, in der häufig Reliefs aus zakinthischem Kalkstein gearbeitet werden.

Das *kafeníon* gegenüber der dem Propheten Elias geweihten Dorfkirche gleicht einem kleinen volkskundlichen Museum. Die Besitzer haben im Hof des Bauernhauses zahlreiche alte landwirtschaftliche Geräte aufgestellt, darunter eine Traubenpresse und einen Pflug.

Capri-Feeling: Hinter den Felstoren liegen die Blauen Grotten von Zákinthos

KALAMÁKI [117 E4–5]

Kalamáki hat einen ebenso schönen Sandstrand wie das benachbarte Laganás, ist jedoch viel ruhiger. Hotels und Pensionen reihen sich nicht nur an der 200 m langen Dorfstraße aneinander, sondern stehen auch locker verteilt in den Feldern, die Kalamáki noch umgeben.

Einst letzte Zuflucht: der Wehrturm des Klosters Ágios Georgíou Kremnón

KALIPÁDO [117 D3]

In dem Binnendorf ist die größte private Weinkellerei der Insel ansässig: *Callínico (tgl. 9–21 Uhr | Zufahrt an der Hauptstraße aus Zákinthos-Stadt ausgeschildert).* Hier können Sie nicht nur eine kostenlose Weinprobe genießen und Wein kaufen, sondern auch eine kleine Ausstellung besichtigen mit historischen Maschinen und Eichenholzfässern der Kellerei, einer Traubenpresse und Körben, in denen die Trauben einst zur Kellerei getragen wurden.

KAMBÍ [116 B4]

Kambí ist ein Dorf, das Urlauber gern aufsuchen, um den Sonnenuntergang und die Steilküste zu erleben. Ein großes Kreuz an dieser Steilküste erinnert daran, dass hier 1944 während des griechischen Bürgerkrieges eine unbekannte Zahl linker Partisanen von ihren rechten Gegnern ins Meer gestürzt wurde. An der Straße vom Dorf hinauf zum Kreuz liegen links der Straße einige frei zugängliche Schachtgräber aus mykenischer Zeit.

KERÍ/LÍMNI KERIOÚ

Kerí [117 D6] ist ein vom Tourismus unberührtes, schönes Bergdorf (550 Ew.) mit urigen *kafenía,* die auch Gemischtwarenläden sind. Die Kirche *Panagía tis Keriótissas* besitzt einen eindrucksvollen Glockenturm und eine holzgeschnitzte Ikonostase aus dem Jahr 1745.

Aus dem Zentrum führt eine Straße zum 2 km entfernten Leuchtturm am *Kap Kerí.* Der Blick von hier die über 100 m hohe Steilküste entlang ist grandios. Im Hafenort *Límni Kerioú* [117 D5], dem Tauchsportzentrum der Insel, ist die mit *Herodoto's Spring* ausgeschilderte Quelle sehenswert, aus der nicht nur Wasser, sondern auch schwarzes Pech quillt. Man kann es mit bereitliegenden Stäben herausfischen. Der kurze Kiesstrand von Límni Kerioú lädt zum Baden ein; stündlich starten vom Hafen aus Bootsfahrten entlang der Steilküste zu den Meeresgrotten von Kerí.

KLOSTER ÁGIOS GEORGÍOU KREMNÓN [116 A2]

Das einsam in einem Wald nahe der Steilküste gelegene Kloster gleicht einer Festung. Bis vor Kurzem lebte hier noch ein einziger Mönch, jetzt ist das Kloster völlig verwaist. Hinter den hohen Mauern verbergen sich ein Wehrturm mit mehreren Pechnasen aus dem 16. Jh. und die schöne, im 18. Jh. barock ausgestattete Klosterkirche. In einem Olivenbaum gegenüber dem Eingang zum Kloster hängen vier neue Glocken, auf denen die Namen der Stifter zu lesen sind.

KLOSTER ANAFONITRÍA [116 A3]

Das nicht mehr bewohnte Kloster am Rand des gleichnamigen Dorfs betritt man durch einen massiven Torturm aus dem 15. Jh., an dem sich Kapernsträucher emporranken. Auf dem Turm weht die gelbe byzantinische Flagge mit dem schwarzen Doppelkopfadler. Die Klosterkirche mit Fresken aus dem 17. Jh. ist gut erhalten, zu erkennen sind auch noch der alte Backofen und die Olivenpresse der Mönche. In diesem Kloster verbrachte der Inselheilige Dionissios seine letzten Lebensjahre als Abt. In dieser Zeit bewies er wahrhaft christliche Nächstenliebe: Er bot dem Mörder seines Bruders im Kloster Asyl. *Klosterhof frei zugänglich | Kirche tgl. 9–13 u. 17–20 Uhr | Eintritt frei*

KORÍTHI [116 B1]

Vom nördlichsten Dorf der Insel führt eine schmale Asphaltstraße bis zum *Kap Skinári* im äußersten Inselnorden. Unterhalb des Leuchtturms dort werden von einem kurzen Kai aus Bootsfahrten zu den Blauen Grotten angeboten, die man von hier aus auch mit dem Glasbodenboot unternehmen kann.

LAGANÁS [117 D5]

Der mit dem benachbarten Kalamáki zusammenwachsende bedeutendste

>LOW BUDGET

- Der Wirt der Taverne *Kókkinos* in *Mikró Nisi* im Nordosten fischt selbst und verkauft nur den eigenen Fang. So spart man gegenüber anderen Fischtavernen bis zu 50 Prozent. Besser mittags hingehen, da es abends manchmal keinen Fisch mehr gibt.
- In der Stadt Zákinthos isst man mittags für wenig Geld kaum besser als in der Taverne *O Koúzis*. Es gibt keine Speisekarte und keine Außenplätze, dafür aber täglich 5–6 frische Gerichte ab 4 Euro, wie Gulasch mit Spaghetti oder Bohneneintopf *(Mo–Fr 12–16 Uhr | Odós Tertséti 54)*.
- Die preisgünstigste Möglichkeit für Bootsfahrten in die Blauen Grotten und zum Schiffswrackstrand bieten sich vom Leuchtturm an der äußersten Nordostspitze aus an. In die Grotten fahren die Boote alle 10–15 Minuten, zum Schiffswrackstrand mehrmals täglich (Tour 7 Euro).

Urlaubsort der Insel liegt nahe der Einflugschneise des Flughafens. Wer sich an seinem zugegeben schönen Sandstrand sonnt, gefährdet den Fortbestand der im Meer lebenden Unechten Karettschildkröte. Viele deutsche Reiseveranstalter haben Laganás darum aus ihrem Programm gestrichen. Dennoch wuchert die Siedlung immer weiter am Strand entlang und immer tiefer ins Hinterland hinein. Die lange, vom Strand landeinwärts führende Hauptstraße des Ortes ist mit Bars und Musikclubs gespickt, auch der erste McDonald's der Insel ist hier zu finden. Alles ist britisch geprägt, Restaurants bieten sonntags Sunday Roast with Yorkshire Pudding an, in den Bars unterhält man die Gäste mit Quiz, Karaoke und Sportübertragungen auf Großbildschirmen.

LOÚCHA ★ [116 B–C4]

Das am Rand eines Hochtals gelegene, nur noch von wenigen alten Menschen bewohnte Dorf ist weder durch das Erdbeben von 1953 noch durch Neubauten in späterer Zeit verändert worden. Hier kann man deshalb noch erkennen, wie zakinthische Dörfer vor 50 und mehr Jahren aussahen.

MACHERÁDO [116–117 C–D4]

Die Kirche *Agía Mávra (tgl. von Sonnenauf- bis Sonnenuntergang | Eintritt frei)* im großen Binnendorf Macherádo (900 Ew.) ist das bedeutendste Wallfahrtsziel der Insel. Der Ikone der Heiligen aus dem 16. Jh., die im 19. Jh. mit einem Mantel aus getriebenem Silber bedeckt wurde, wird Wunderkraft zugesprochen. Darum hängen an ihr auch zahlreiche Votivtäfelchen, die zeigen, was die Gläubigen von der Heiligen im Gebet erfleht haben: ein Kind, ein Haus, gesunde Augen oder Gliedmaßen, ein gesundes Herz und anderes mehr.

Oberhalb des Dorfs steht links der Straße nach Kilioméno das 1961 gegründete Nonnenkloster *Panagía i Eleftherótria* Insider Tipp *(tgl. 7–12 u. 16 Uhr bis zur Dämmerung; wenn geschlossen, bitte klingeln).* Die Klosterkirche ist

Zákinthos ist Kinderstube der bis zu 100 kg schweren Unechten Karettschildkröte

mit schönen Fresken in byzantinischer Manier ausgemalt; in einem Nebenraum zeigt einem eine Nonne Steine von vielen Schauplätzen der biblischen Geschichte, wie dem See Tiberias und dem Haus Mariens in Nazareth. Die erste Äbtissin des Klosters hat sie auf ihren Reisen eigenhändig zusammengetragen.

Insider Tipp

NATIONALPARKHAUS [117 E5]

Im 2008 eröffneten Nationalparkhaus *(Exhibition Center)* verdeutlichen hervorragende Fotos und Tiere aus Keramik, dass es im Meeresnationalpark viel mehr zu schützen gilt als nur die Schildkröten. *Mai, Sept., Okt. tgl. 9–17 Uhr, Juni–Aug. tgl. 9–20 Uhr | Eintritt frei | Zufahrt an der Hauptstraße 250 m hinter der auffälligen Windmill Tavern ausgeschildert*

Wichtiges Wallfahrtsziel: die große Kirche Agía Mávra im kleinen Ort Macherádo

PIGADÁKIA [116 C3]

Spíros Vertzágio war 15 Jahre lang Gemeindevorsteher dieses kleinen Dorfs im Hinterland des Badeortes Alikés, bis dieses Amt 2001 abgeschafft wurde. Schon seit 20 Jahren sammelt er auf der Insel Antiquitäten vom Möbelstück bis zu Haushaltswaren, vom landwirtschaftlichen Gerät bis zu Banknoten und Fotos. Untergebracht hat er das alles in seinem *Volkskundlichen Museum (tgl. 9–21 Uhr | Eintritt 3 Euro | an der Straße nach Alikés)*. Dort hat er auch eine traditionelle Baumhütte wieder aufgestellt. Sie diente den Bauern früher als Rastplatz für die Mittagspause und während der Erntezeiten sogar als Übernachtungsort. Im Dorfzentrum betreibt Spíros eine originelle *Taverne (€)*, in der er auch im Dorf produzierte Waren wie Korinthen, Olivenöl und Wein verkauft.

Überall plätschert Wasser, denn der Ort ist quellenreich. Eine schwefelhaltige Quelle entspringt sogar unter dem Altar der kleinen *Kapelle* gegenüber der Taverne. Mit einem angeketteten Topf schöpfen Gläubige daraus und versprechen sich vom Quellwasser die Heilung ihrer Leiden. Nach Pigadákia kann man von Alikés aus entweder mit einer Pferdekutsche fahren oder mit einem Miniaturzug auf Gummirädern, der ebenfalls Spíros gehört *(Dauer der Tour inkl. Museumsbesuch ca. 2 Std. | Fahrpreis 8 Euro)*.

PLÁNOS [117 D3]

Der lang gestreckte Ort am Sand-Kiesstrand *Tsiliví Beach* ist mit seinen vielen Hotels und Tavernen einer der bedeutendsten Badeorte der Insel. Sehenswertes hat er allerdings nicht zu bieten.

PÓRTO LIMNIÓNA [116 B4–5]
Der Einstieg ins Wasser des langen, schmalen Fjords an der Westküste ist zwar nicht ganz einfach, dafür bereitet ein Bad in dieser schönen Landschaft aber besondere Freude. Hinterher kann man sich in der *Taverne (€€)*, die den gleichen Namen wie der Fjord trägt, mit Blick aufs offene Meer stärken.

PÓRTO RÓCHA [116 B5]
Von Pórto Limniónas oder vom Bergdorf Ágios León aus kann man zur Bucht von Pórto Rócha fahren. Hier wurde etwa 5 m über dem Wasser ein Sprungbrett installiert, von dem sich Mutige in die Fluten stürzen.

PÓRTO VRÓMI [116 A3]
In der fjordähnlichen Bucht soll einst Maria Magdalena, die laut Evangelium als Erste feststellte, dass Jesus' Grab leer war, auf dem Weg nach Rom an Land gegangen sein. Heute steht an dem bloß etwa 10 m langen Kiesstrand nur eine einfache Strandbar. Die Kiefern an der Bucht reichen fast bis ans Wasser. Mehrere Boote liegen am Kai, mit denen man zweistündige Ausflüge zum Schiffswrackstrand *(inkl. 1 Std. Badepause | 15 Euro pro Person)* unternehmen kann. Für Fahrten im Fjord werden auch Tretboote vermietet *(10 Euro pro Std.)*.

ROMA'S MANSION HOUSE [117 E4]
Das Haus zeigt, wie vornehme Familien auf Zákinthos vor dem Erdbeben lebten. Die ausgestellten Porträts, Möbel, Kunstgegenstände und Dokumente sowie die Bibliothek werden allerdings nicht jedem den hohen Eintrittspreis wert sein. *April–Sept. tgl. 10–14 u. 19–21 Uhr, Okt.–März tgl. 10–14 Uhr | Eintritt 5 Euro | Zákinthos-Stadt | Odós Loúka Karrér 19 | www.romas.gr*

> ÜBER 1000 NESTER

Bei Laganás legen Meeresschildkröten ihre Eier ab

Seit Menschengedenken graben Unechte Karettschildkröten (Caretta caretta) von Juni bis August nachts an den Sandstränden in der Bucht von Laganás etwa 50 cm tiefe Nester, füllen sie mit bis zu 120 tischtennisballgroßen Eiern, bedecken sie wieder mit Sand und verschwinden im Meer. Eine Schildkröte kann in diesem Zeitraum bis zu drei Mal Eier legen. Nach etwa 60 Tagen schlüpft der Nachwuchs – auch wieder nachts – und strebt dem Meer zu. Dabei orientiert er sich wohl am Sternenlicht, das vom Wasser reflektiert wird. Der Tourismus gefährdet die Schildkröten auf vielfältige Art. In den Sand gesteckte Sonnenschirme können Gelege zerstören, nächtlicher Betrieb am Strand die Muttertiere von der Eiablage abhalten. Die gerade geschlüpften Jungen werden durch Lichter in Strandnähe in die falsche Richtung geleitet. So werden sie von Raubtieren aufgespürt oder vertrocknen bei Tag in der Sonne.

SCHIFFSWRACKSTRAND (NAVAGÍOU) ★ [116 A2]

Ein Plakat mit dem Foto dieses Strandes gehört zur Griechenlandwerbung überall auf der Welt. Der nur von See her zugängliche Sand-Kiesstrand säumt eine ruhige Bucht tief unterhalb einer hohen Steilküste – und mitten auf dem Strand liegt ein in den 70er-Jahren gestrandeter Frachter. Das Wasser schimmert hier in sattem Türkis, das an manchen Tagen mit Weiß durchmischt zu sein scheint.

Man kann von Pórto Vromí aus mit dem Boot zum Schiffswrackstrand gelangen, das Traumfoto jedoch schießt man vom Rand der Steilküste. Dazu fährt man vom Kloster Ágios Georgíou Kremnón auf der Asphaltstraße weiter in nördliche Richtung, biegt nach 200 m links ab und hält nach 1200 m an einem Restaurant. Von dort aus führt ein schmaler Pfad zu Fuß in wenigen Minuten zu der Stelle, von der aus der Blick auf den Schiffswrackstrand am fotogensten ist.

SKOPÓS-HALBINSEL [117 E–F4–5]

Die Halbinsel im Südosten der Inselhauptstadt ist nach dem Berg Skopós (492 m) benannt, der sie überragt. Der Norden der Halbinsel wird von vielen kleinen Buchten mit Sand- und Kiesstränden gesäumt, an denen bislang erst wenige Hotels und Apartmenthäuser stehen. Im Süden der Halbinsel liegt mit kilometerlangen Sandstränden die Bucht von Laganás. Die Strände gehören jedoch auch zum Eiablagegebiet der Karettschildkröten und sollten deshalb gemieden werden.

SOLOMÓS-MUSEUM [117 E4]

Der bedeutendste Dichter der Ionischen Inseln, Dionissios Solomós (1798–1857), und sein Dichterkollege Andréas Kálvos (1792–1869)

Plakatmotiv und Postkartenansicht: der spektakuläre Schiffswrackstrand

sind im Erdgeschoss beigesetzt. Dionissios Solomós verhalf mit seinen Werken, zu denen auch der Text der griechischen Nationalhymne gehört, der griechischen Volkssprache zu literarischer Anerkennung. Auf seinem

Grab stehen seine Worte „pand' anikta, pand' ágripna, ta matja tis psichís mou" (Immer offen, immer wachsam, die Augen meiner Seele). *Tgl. 9–14, im Hochsommer auch 18–20 Uhr | Eintritt 4 Euro | Zákinthos-Stadt | Platía Agíu Márkou*

VÓLIMES [116 B2]

Das weitläufige Bergdorf im Norden der Insel gleicht im Sommer einem großen Markt. Überall am Straßenrand werden hier bestickte und andersartig verzierte Decken und Tücher als „echte Handarbeiten" angeboten. Die wenigsten davon sind allerdings das Werk zakinthischer Frauen – die Ware stammt größtenteils aus festländischen Werkstätten und ist keineswegs handgearbeitet.

ZÁKINTHOS-MUSEUM ★ [117 E4]

Das Museum gibt einen ausführlichen Überblick über die Geschichte der Malerei auf den Ionischen Inseln und insbesondere über die Werke der sogenannten „Ionischen Schule" des 17.–19. Jhs., die stark von der italienischen Malerei beeinflusst war. Außerdem zeigen ein Reliefmodell und historische Fotos, wie die Stadt vor dem Erdbeben von 1953 aussah. *Di–So 8–15 Uhr | Eintritt 3 Euro | Zákinthos-Stadt | Platía Solomoú*

ZÁKINTHOS-STADT [117 E4]

KARTE IN DER HINTEREN UMSCHLAGKLAPPE

Nach dem schweren Erdbeben von 1953 musste Zákinthos (32 500 Ew.) völlig neu erbaut werden. Erfreulicherweise ist das Ergebnis keine grässliche Stadt im Stil der 50er-Jahre, sondern eine gute Mischung aus historischen Rekonstruktionen und gefälligen Neubauten. Sehenswürdigkeiten von Rang sind zwar nur die Museen, doch gibt es auch einige interessante Kirchen. An der großen Platía Solomoú steht direkt am Ufer die Kirche des Schutzheiligen der Seeleute, *Ágios Nikólaos,*

Beherrschen die Uferpromenade von Zákinthos: Campanile und Dionissios-Kirche (rechts)

1560 von der Fischergilde der Stadt gestiftet. An der Platía Agíou Márkou mit ihren vielen Cafés erhebt sich neben dem Solomós-Museum die Kirche *San Marcus*, in der im Sommer an jedem Sonntag um 19 Uhr eine römisch-katholische Messe gelesen wird. Das Gemälde über dem Altar wird Tizian oder einem seiner Schüler zugesprochen.

Gehen Sie von der Platía Agíou Márkou einige Schritte in östliche Richtung, stoßen Sie auf die *Mitrópolis*, die Bischofskirche der Stadt. Sie ist vollständig mit prächtigen Wandmalereien im traditionellen byzantinischen Stil ausgestattet.

Wenn Sie dann von der Mitropolis in Richtung Meer weitergehen und gleich an der ersten Kreuzung nach links einbiegen, sehen Sie auf der rechten Seite das sehr schöne Portal der Kirche *Kiría ton Ángelon* aus dem Jahr 1687.

Insider Tipp

Am westlichen Ende der Uferstraße steht schließlich die größte und bedeutendste Kirche der Stadt, dem Inselheiligen *Dionissios* geweiht *(tgl. 4–12 u. 17–21.30 Uhr)*. Auch sie wurde in den 80er-Jahren vollständig im traditionellen byzantinischen Stil ausgemalt. Ein Teil der Fresken zeigt Szenen aus dem Leben und Wirken des Heiligen, der 1547 auf Zákinthos geboren wurde und hier 1622 starb. Von besonderer Schönheit sind die 1990 entstandenen Fresken an der Westwand, die die Schöpfungsgeschichte in an Henri Rousseau erinnernde Frische darstellen. Die Westfassade zieren moderne Mosaike mit Darstellungen der Schutzheiligen dreier Ionischer Inseln: des hl. Spiridonas von Korfu, des hl. Gerássimos von Kefalloniá und des hl. Dioníssios von Zákinthos. Besonders verehrt werden die in einem silbernen Sarkophag ruhenden Gebeine des Inselheiligen. Der prunkvolle Sarkophag steht in der Seitenkapelle rechts vom Altarraum. Das sich unmittelbar an die Kirche anschließende Gebäude ist der *Bischofspalast* der Insel.

ESSEN & TRINKEN

AKTÍ/YACHTING CLUB [117 E4]

Taverne direkt am Meer. Während der Sommersaison große Auswahl auch an frischem Fisch. *Di geschl. | Zákinthos-Stadt | Odós Dion. Róma (unmittelbar südlich der beiden Tennisplätze an der Uferstraße)* | €€€

ALITZERÍNI [116 C4] Insider Tipp

Auf der ganzen Insel unter Einheimischen bekannte Dorftaverne in einem traditionellen, zweigeschossigen zakinthischen Bauernhaus. Von der kleinen Terrasse aus blickt man auf die Hügel der Insel. Wirt Andónis Maroúdas bietet täglich andere frisch gekochte und gebackene Gerichte an, eine Speisekarte gibt es deshalb nicht. Seine Fassweine stammen vom eigenen Weinberg. Gelegentlich werden abends auch *kantádes* gespielt. *Juni–Sept. tgl. ab 19 Uhr, sonst nur Fr–So ab 19 Uhr | Kilioméno | an der Straße vom Dorfzentrum nach Macherádo* | €€€

GALAXY [116 A3]

Für eine Mittagspause gut geeignete, stark frequentierte Taverne mit großer Auswahl an gegrillten und gekochten Gerichten. *Anafonítrias | im Dorfzentrum* | €

Insider Tipp
KÉFALOKOLÓNNA [116 C3]
In einem von Weinlaub überrankten Innenhof serviert die Wirtsfamilie fast täglich andere Gerichte, deren Grundlage immer frische Zutaten aus der Region sind. Wenn sie Lust dazu haben, geben der Wirt und sein Sohn abends auch manchmal *kantádes* zum Besten. *Girí | am Dorfrand (vom Parkplatz aus die Dorfstraße bis zum Ende gehen)* | €

KÓKKINOS VRÁCHOS [117 E4]
Das eleganteste Kaffeehaus der Stadt. Auch wenn Sie lieber draußen auf dem Platz oder unter den Arkaden sitzen, sollten Sie unbedingt einen Blick in den gepflegten Innenraum werfen. *Zákinthos-Stadt | Platía Solomoú (im Bibliotheksgebäude)* | €€

Insider Tipp
KOMÍS [117 E4]
Eine Fischtaverne, wie Ausländer sie sich erträumen: direkt am Hafen, urig und maritim eingerichtet, dabei sauber und herzlich. *Zákinthos-Stadt | unmittelbar am Ansatz des Fähranleger* | €€€

Insider Tipp
LA STORIA [116 B2]
Die Fischtaverne liegt idyllisch direkt am Strand. Außer frischem Fisch serviert man auch gegrillten Oktopus und *astakómakaronáda,* Nudeln mit Langustenfleisch. *Ágios Nikólaos | an der Uferstraße* | €€€

Insider Tipp
PÓRTO ROÚLIS [117 D3]
Wirt Dioníssios und seine Frau Katína betreiben eine der ursprünglichsten Tavernen der Insel. Auf der verglasten Terrasse sitzt man direkt am Meer; am 20 m kurzen Sandstrand direkt vor der Taverne kann man auch baden. Auf den Teller kommt der Fisch, den Dioníssios am Morgen selbst gefangen hat, sowie Fleisch von der Insel. In der Hauptsaison werden meist auch ein oder zwei gekochte oder gebackene Gerichte angeboten. *Drossía | 300 m nördlich vom Hotel Tsámis* | €€

TO FANÁRI TU KERIOÚ [116 C6]
Gepflegte Taverne hoch über der Steilküste mit blendender Aussicht. Wirt Stamátis Livéris ist eigentlich Bauingenieur, frönt aber gern seiner Liebe zur Kochkunst. Zu seinen Spezialitäten gehören mit Leber, Reis, Käse und Gemüse gefüllte Kaninchen und Hühnchen sowie mit Gemüse gefüllter Bauchspeck. Die meisten Gerichte werden in einem mit Holz befeuerten Backofen zubereitet. *Kerí | 1,5 km außerhalb des Dorfs etwa 150 m vor dem Leuchtturm* | €€

Insider Tipp
TO KAFENÍO TIS LOÚCHAS [116 C4]
Ein pensionierter zakinthischer Lehrer pflegt im stillen Dorf Loúcha auf seine Art die Inseltradition. Er serviert in seinem ganzjährig geöffneten *kafeníon* neben Kaffee und Softdrinks nur regionale Produkte wie ökologisch angebauten Salat, Tomaten, Schafskäse und Pommes frites aus frisch geschnittenen Kartoffeln. Das Olivenöl stammt natürlich von der Insel, das kalte Wasser aus einer nahen Quelle. Bei schönem Wetter sitzen die Gäste auf einer Gartenterrasse unter Weinranken, an kühleren Tagen in einem beheizten, hölzernen Wintergarten. *Loúcha | an der Dorfkirche* | €

EINKAUFEN

sider Tipp HANNE MI'S CERAMIC ART STUDIO [117 F5]

Die norwegische Keramikkünstlerin Hanne Mi, die auch schon für das Nationalparkhaus der Insel gearbeitet hat, fertigt Keramik und Steingut von hoher Qualität: Kacheln und Brunnen, Schalen und Vasen, Tassen, Teller, Eierbecher, Spiegelrahmen – und natürlich dekorative Schildkröten. *Vassilikós | an der Hauptstraße kurz vor der Abzweigung zum Porto Roma Beach*

POTTERY OF ZÁKINTHOS [117 E4]

Einfache Keramik aus einer Inseltöpferei. *Zákinthos-Stadt | Odós Alex. Róma 20*

TO ÉFOSMOU [117 E4]

Kulinarische Spezialitäten aus ganz Griechenland, zum Beispiel Wein, Honig und Gewürze. Außerdem Olivenöle und -seifen. Alles ist schön präsentiert und wird liebevoll verpackt. *Zákinthos-Stadt | Odós Alex. Róma 100*

Kókkinos Vráchos, Roter Felsen, heißt das eleganteste Kaffeehaus der Stadt

TO FIORO TOU LEVANTE [117 E4]

Große Auswahl an kulinarischen Spezialitäten, insbesondere süßen. *Zákinthos-Stadt | Odós El. Venizélou/Ecke Odós Defsíla*

WOCHENMARKT [117 E4]

Der Markt findet immer montags, donnerstags und samstags vormittags unmittelbar südlich vom Ansatz des Fähranlegers statt.

ÜBERNACHTEN

APELÁTI ★ [117 D6]

Auf einer kleinen Hochebene im Südwesten der Insel steht inmitten von Weingärten und Olivenbäumen in ländlicher Ruhe ein modernes Haus, das Restaurant und preisgünstige Pension zugleich ist. Die sehr freundliche Inhaberin, Frau Dénia, vermietet fünf moderne Zimmer mit Bad; in der Küche bereiten die Frauen der Familie gute Hausmannskost zu. Gemüse, Wein, Ziegen und Kaninchen stammen zumeist vom eigenen Hof. *Kerí | abseits der Hauptstraße von Límni Kerioú nach Kerí | Tel. 26 95 03 33 24* | €

BALCONY [117 D3]

Modernes, architektonisch der Inseltradition verpflichtetes Hotel auf einem Kap über der Bucht von Tsílivi. Stufen führen hinunter zum Sandstrand. *34 Zi. | Tsiliví | 500 m vom Ortszentrum an der Straße nach Zákinthos | Tel./Fax 26 95 02 86 38 | www.zakynthos-net.gr/balcony* | €

BITZARO [117 E4]

Familiär geführtes Hotel gegenüber dem Strandbad. Kühlschrank und Deckenventilator in jedem Zimmer, Fliegengitter vor den Fenstern. *39 Zi. | Zákinthos-Stadt | Odós D. Róma 46 | Tel. 26 95 02 36 44 | Fax 26 95 04 55 06 | www.bitzarohotels.gr* | €

Insider Tipp **DAPHNE'S STUDIOS** [117 F5]

Nur 100 m vom Pórto Róma Beach wohnt man in den sieben ebenerdigen Apartments und vier Ferienhäusern des gut Deutsch sprechenden Dionýsis Tsilimígras und seiner schwedischen Frau María wie in einer stillen, grünen Oase am Waldrand. Auf den Terrassen im weitläufigen Gelände finden sich Liegen und Hängematten, die Küchen sind überdurchschnittlich gut eingerichtet. Vier Mountainbikes stehen kostenlos zur Verfügung. *Vassilikós | Pórto Róma | Tel./Fax 26 95 03 53 19 | www.daphnes-zakynthos.com* | €€

DIÁNA [117 E4]

Zentraler als in diesem modernen Hotel am Markusplatz kann man auf der Insel nicht wohnen. *51 Zi. | Zákinthos-Stadt | Platía Agíou Márkou | Tel./Fax 26 95 02 85 47 | www.dianahotels.gr* | €€€

MÝLOS [116 B1] Insider Tipp

Höchst romantisch und aussichtsreich wohnen kann man in den beiden gut ausgestatteten Windmühlen-Imitationen auf der Steilküste direkt über den Blauen Grotten. Zum Baden geht man über Stufen zu einer kleinen Sonnenterrasse am Meer hinunter, eine Taverne ist 200 m entfernt. *2 Apts. (2–4 Pers.) | Kap Skinári | Tel. 26 95 03 11 32 u. 69 72 05 57 11 | www.potamitisbros.gr* | €€€

PLAZA [117 E4]

Hotel direkt gegenüber vom Strandbad, alle Zimmer mit Meerblick, 2007 total renoviert. *20 Zi. | Zákinthos-Stadt | Odós Kolokotróni 2 | Tel. 26 95 04 57 33 | Fax 26 95 04 89 09 | www.plazazante.gr* | €€

PÓRTO KOÚKLA BEACH [117 D5]

Kleines Hotel im Grünen mit sangesfreudigem Wirt, direkt an einem schmalen, langen Sandstrand südlich des Inselchens Ágios Sóstis. Schildkröten werden an diesem Strand nicht gefährdet. *35 Zi. | Lithákia | Zufahrt ab der 3 km entfernten Straße Laganás–Kerí beschildert | Tel. 26 95 05 23 93 | Fax 26 95 05 23 91* www.pavlos.gr | €€

STRÄNDE

Zahlreiche Strände säumen die Süd- und die Ostküste der Insel. An der Nord- und an der Westküste hingegen gibt es nur einige wenige Strände, die fast ausnahmslos nur mit einem Boot zu erreichen sind. Im Folgenden eine Auswahl der besten Strände, die auch einen Ausflug aus anderen Inselteilen lohnen. Strände, an denen Meeresschildkröten ihre Eier ablegen, werden dabei nicht erwähnt, auch wenn sie erlaubter- oder unerlaubterweise zugänglich sind.

BANÁNA BEACH [117 F5]

Der schnurgerade, mehrere Hundert Meter lange Sandstrand auf der Skopós-Halbinsel ist noch weitgehend unverbaut. Liegestühle stehen unter Palmstrohschirmen, der Blick schweift ungehindert übers Meer zum Peloponnes. Im östlichen Teil gibt es niedrige, bewachsene Dünen. Im westlichen Teil, der auch *Ionion Beach* genannt wird, stehen Süßwasserduschen zur Verfügung. Fürs leibliche Wohl sorgen mehrere Strandbars. *Linienbusse aus Argássi und Zákinthos-Stadt halten an der etwa 300 m entfernten Hauptstraße*

KAMÍNIA BEACH [117 F5]

An dem etwa 130 m langen Strand aus Grobsand und Feinkies spenden einige Tamarisken Schatten. Liegestühle und Sonnenschirme werden auf grünen Rasenflächen vermietet und an Gäste der Strandbars sogar kostenlos abgegeben. Wer mag, kann sich auch in Hollywoodschaukeln niederlassen. *Linienbusse halten an der ungefähr 200 m entfernten Hauptstraße*

MAKRÍS GIALÓS [116 B2]

Der gepflegte Kiesstrand, an dem auch Liegestühle und Sonnenschirme vermietet werden, liegt etwa 800 m südlich des Weilers *Mikró Nisí,* der idyllisch auf einem ins Meer vorragenden, flachen Felsvorsprung erbaut wurde.

Stein gewordene Verlockung: Nixen-Statue am Bananen-Strand

PÓRTO ZÓRRO BEACH [117 F5]

Die kleine Sandstrandbucht auf der Skopós-Halbinsel gewinnt ihren Reiz durch einige vor dem Ufer im Meer liegende, grün bewachsene Felsbrocken. Es gibt eine Taverne und diverse Wassersportangebote. *Linienbusse halten an der 250 m entfernten Hauptstraße*

Allabendliche Darbietung in den Tavernen: griechische Tänze und *kantádes*

SAN NICOLAS BEACH [117 F5]

300 m langer Sandstrand auf der Skopós-Halbinsel mit Liegestuhlvermietung, Süßwasserduschen und Wassersportangeboten. Im Norden wird der Strand von einer *Nikolaus-Kapelle* auf einem niedrigen Felskap begrenzt, die besonders in der Abenddämmerung Romantiker anlockt. *Kostenloser Zubringerbus vormittags ab Laganás (Hotel Laganás), Kalamáki (Hauptkreuzung) und Argássi (Hotel Mimósa)*

AM ABEND

ARÉKIA ★ [117 E4]

Kleine, urige Taverne, in der der Wirt oder Musiker an fast jedem Abend zakinthische *kantádes* erklingen lassen. Die Gäste sitzen auf langen, schmalen Holzbänken an einfachen Tischen mit Plastiktischdecken. Deckenventilatoren versuchen, für Kühlung zu sorgen. Eine Speisekarte gibt es nicht, Wirtin Anna und ihr Mann Níkos erläutern das Tagesangebot regionaler Spezialitäten. Rot- und Weißwein werden vom Fass gezapft. *Tgl. ab 20 Uhr | Zákinthos-Stadt | Odós Krioneríou 92 | €€*

ASTROFÉNGIA [117 E4]

Eine moderne, gepflegte Variante des Kantádes-Lokals, viel größer und nüchterner als das unmittelbar benachbarte Arékia. Wenn es gut besucht ist, lohnt es wegen der guten Musik dennoch hineinzugehen. *Fr–So ab 21 Uhr | Zákinthos-Stadt | Odós Krioneríou 86 | €€*

O ADELFÓS TU KÓSTA/ KOSTAS' BROTHER TAVERN [117 E5]

Idyllisch im Grünen gelegene Gartentaverne, an der an jedem Wochenende abends *kantádes* erklingen. Spezialitäten des Hauses sind Kaninchen und *kokorás ragú,* ein Hähnchenragout mit viel Gemüse. *Im Karneval, in den Osterferien und Juni–Sept. Fr–So ab 20 Uhr, Juli/August auch an anderen Tagen | unterhalb der Hauptstraße zwischen Banána Beach und Ionion Beach* | €€

SARAKÍNA **[117 D5]**

In Trachten gekleidete Einheimische zeigen jeden Abend zwischen 19 und 21 Uhr griechische Tänze in der Großtaverne neben der Ruine des historischen Gutshofs von Sarakína. Außerdem sind *kantádes* zu hören. Die Veranstaltung endet mit einer sogenannten griechischen Party, bei der auch die Gäste mittanzen dürfen. Ein gelber Minibus pendelt zwischen 18.30 und 22 Uhr kostenfrei zwischen dem Lokal und verschiedenen Haltestellen in Laganás. *2 km vom Zentrum von Laganás entfernt an der Straße nach Pantokrátoras, gut ausgeschildert | Tel. 26 95 05 16 06* | €€€

AUSKUNFT

TOURISTENPOLIZEI **[117 E4]**

Zákinthos-Stadt | Odós Lombardoú 62 | Tel. 26 95 02 73 67

FÄHRVERBINDUNGEN

Ganzjährig verkehren mehrmals täglich Autofähren zwischen Zákinthos-Stadt und Killíni (Peloponnes). *Mo–Sa erste Fähre nach Killíni 5.30 Uhr, So 8 Uhr; letzte Fähre ab Killíni täglich 21.30 Uhr | Fahrpreis 7,50 Euro*

Von Mai bis Oktober verkehrt außerdem zweimal täglich eine Autofähre zwischen Ágios Nikólaos/Skinári und Pessáda (Kefalloniá).

ZIEL IN DER UMGEBUNG

OLYMPIA ★ **[0]**

KARTE IN DER HINTEREN UMSCHLAGKLAPPE

Der Ursprungsort der Olympischen Spiele ist bequem auf einem Tagesausflug zu erreichen. Sie können ihn als Schiff-Bus-Tour im Reisebüro buchen oder auch mit dem eigenen Wagen unternehmen. Von Zákinthos bis zum Fährhafen Killíni ist man rund 90 Minuten unterwegs, von dort bis Olympia sind es noch 75 km auf gut ausgebauten Straßen.

Im alten griechischen Heiligtum von Olympia fanden über 1100 Jahre lang die Olympischen Spiele statt. Bezeugt sind sie ab 776 v. Chr., kurz vor 400 n. Chr. wurden sie zum letzten Mal ausgetragen, um dann fünfzehnhundert Jahre später in moderner Form wieder aufzuleben.

Rundgang: Wenn Sie die Ausgrabungen nicht nur sehen, sondern Olympia auch verstehen wollen, sollten Sie vom Eingang sogleich zum *Zeus-Tempel* gehen. Er ist an seinem dreistufigen Unterbau und den vielen gewaltigen Säulenresten darauf und davor (liegend) deutlich zu erkennen. Dieser Tempel war der kultische Mittelpunkt des Heiligtums. Auf der fast 28 m breiten und über 64 m langen obersten Stufe des Unterbaus bildeten 36 dorische Säulen, jede über 10 m hoch, die Ringhalle des 457 v. Chr. fertiggestellten Tempels aus Muschelkalk. Sie umgaben die fensterlose *cella,* die man durch eine Türöffnung im Osten betrat. In ihrem Innern stand in mystischem Halbdunkel eines der sieben antiken Weltwunder: eine über 13 m hohe, innen hohle Zeus-Statue aus Gold, Silber,

Elfenbein und Edelsteinen. Sie war das Werk des Phidias, der auch an der Schaffung des Bildschmucks für den Parthenon-Tempel auf der Athener Akropolis mitwirkte. Dem Tempel westlich gegenüber stehen die hohen Ziegelmauern einer *Basilika* aus dem 5. Jh., die an Stelle der antiken Werkstatt des Phidias erbaut wurde.

Südlich an die Werkstatt schloss sich das *Leonidaion* an, eine im 4. Jh. entstandene Nobelherberge für Ehrengäste, die in römischer Zeit durch ein großes, noch gut erkennbares Wasserbecken verschönert wurde. Nördlich der *Werkstatt des Phidias* ist die große *Palaistra* aus dem 3. Jh. v. Chr. mit ihren Säulenreihen, in der die Ringkämpfe ausgetragen wurden, deutlich zu sehen. Im Nordteil des Innenhofs blieb das Rillenpflaster erhalten, das den Kämpfern mehr Standsicherheit verleihen sollte.

Gen Norden fällt der Blick vom Zeus-Tempel auf den *Hera-Tempel,* dessen Säulen recht unterschiedlich sind. Manche sind aus bis zu zehn, andere nur aus einigen wenigen Säulentrommeln zusammengesetzt. Die Kapitelle sind verschieden, eine der Säulen hat nur 16 statt der üblichen 20 Kanneluren (Längsrillen). Das alles weist darauf hin, dass der bereits um 600 v. Chr. erbaute Tempel ursprünglich hölzerne Säulen besaß, die im Lauf der Jahrhunderte durch steinerne ersetzt wurden, die jeweils dem Zeitgeschmack entsprachen.

An den Hera-Tempel schließt sich nach Westen hin jenseits des *Nymphäums,* einer halbrunden Brunnenanlage aus römischer Zeit, eine *Terrasse* an, auf der einst die Schatzhäuser von elf griechischen Stadtstaaten standen. Sie verwahrten hier ihre wertvollsten Weihegeschenke an Zeus. Zahlreiche weitere Weihegeschenke anderer Städte waren überall im heiligen Bezirk aufgestellt.

Die Schatzhausterrasse endet am *Eingang zum Stadion,* der ursprüng-

Einst trugen 40 Säulen das Dach des Hera-Tempels in Olympia

lich mit einem Tonnengewölbe überdacht war. Ein Teil davon wurde von den Archäologen rekonstruiert. Rechts vom Eingang sehen Sie die lang gestreckten Fundamente der *Echo-Halle,* einer 98 m langen Wandelhalle, die den Besuchern der Spiele Schutz vor Regen und der Mittagssonne gewährte.

Das antike *Olympiastadion* ist ein überraschend einfaches Bauwerk. Es bot auf seinen gut erhaltenen Erdwällen 45 000 Zuschauern Platz. Nur die Schiedsrichter saßen auf steinernen Bänken. Die Start- und Ziellinien aus Steinplanken sind an beiden Stadionenden noch deutlich zu erkennen.

Am Rückweg zum Eingang des Grabungsgeländes liegen die Reste des *Philippeion:* zwei kreisförmige Fundamente, die früher einen Rundtempel trugen. Der makedonische König Philipp II. stiftete ihn 338 v. Chr., sein Sohn Alexander der Große ließ ihn fertigstellen. Im Inneren standen fünf Statuen aus Gold und Elfenbein: in der Mitte Alexander, flankiert von seinen Eltern und Großeltern.

Nördlich des Philippeions erkennt man die Überreste des *Prytaneions,* in dem die Olympiasieger feierlich bewirtet wurden. Auf der anderen Seite des Weges zeugen geringfügige Reste vom *Gymnasion* aus dem 3. Jh. v. Chr. Hier konnten die Olympiakämpfer auf einem lang gestreckten, von Säulenhallen umgebenen Platz für ihre Wettkämpfe trainieren *(Mai–Sept. tgl. 8–19 Uhr, Okt.–April 8 Uhr bis Sonnenuntergang, Karfreitag nur bis 12 Uhr, 1. Jan., 25. März, Ostersonntag, 1. Mai, 25./26. Dez. geschl. | Eintritt 6 Euro, Kombiticket mit Archäolog. Museum 9 Euro).*

Im *Archäologischen Museum* gegenüber dem Ausgrabungsgelände sind einige der größten Kunstschätze Griechenlands zu sehen. Dazu gehören die marmornen Skulpturen aus den Giebelfeldern des Zeus-Tempels und dessen Metopen genannte Reliefplatten, ein großes Bronzepferd aus der Zeit um 800 v. Chr., der Trinkbecher des Bildhauers Phidias und eine römische Stierstatue. Die beiden berühmtesten Statuen sind der Hermes des Praxiteles und die Siegesgöttin Nike, beides Werke aus der Hochklassik *(Mai–Okt. Mo 12–19, Di–So 8–19 Uhr, Okt.–April Mo 10.30–17, Di–So 8.30–15 Uhr).*

Im *Museum der Geschichte der Olympischen Spiele* werden unter anderem antike Sportgeräte gezeigt. Das *Museum der Geschichte der Ausgrabungen* veranschaulicht die Arbeit der Archäologen *(beide geöffnet wie das Archäologische Museum | Eintritt frei).*

> STRÄNDE, KLÖSTER UND DÖRFER

Die schönsten Seiten von vier ionischen Inseln auf bequemen Tagestouren kennenlernen

Die Touren sind auf dem hinteren Umschlag und im Reiseatlas grün markiert

1 EINMAL RUND UM ZÁKINTHOS

Länge der Rundfahrt: ca. 150 km ab und bis Zákinthos-Stadt. Übernehmen Sie den Mietwagen am besten schon am Vorabend, um morgens möglichst früh starten zu können.

Erstes Ziel der Rundfahrt sind die Pechquellen von **Límni Kerioú** *(S. 68)*. Damit haben Sie Ihre Tagesration an Pech hinter sich und können den Tag unbeschwert genießen. Ein erster Hochgenuss ist der Blick vom Leuchtturm von **Kerí** *(S. 68)* entlang der faszinierenden Steilküste. Auf dem Rückweg ins Inselinnere lohnt ein erster Kaffeestopp in einer der urigen Gemischtwarenhandlungen am Dorfplatz von Kerí. 2,5 km weiter biegen Sie nach links auf eine Straße ins sehr stille Bergdorf **Agalás** *(S. 65)* ab. Über Kilioméno geht es weiter nach Ágios Léon, wo am Orts-

Bild: Fiskárdo auf Kefalloniá

AUSFLÜGE & TOUREN

anfang eine Stichstraße in die stillen Dörfer **Loúcha** *(S. 70)* und **Gíri** *(S. 67)* abzweigt. Hier können Sie sehr stimmungsvoll einen kleinen Imbiss in ganz untouristischem Ambiente zu sich nehmen. Danach steht ein Besuch am markanten Kreuz oberhalb von **Kambí** *(S. 68)* auf dem Programm. In Anafonítrias fahren Sie am besten zuerst zum **Kloster Anafonitría** *(S. 69)*, bevor Sie sich im Dorf selbst zum Mittagessen niederlassen.

Hinter dem im Wald etwas versteckten **Kloster Ágios Georgíou Kremnón** *(S. 69)* biegen Sie dann links ab in Richtung **Schiffswrackstrand** *(S. 73)*, der von hoch oben gesehen mindestens ebenso reizvoll und fotogen ist wie vom Wasser aus. Wenn Ihnen nach Shopping ist, haben Sie in **Vólimes** *(S. 74)* Gelegenheit dazu.

Am Leuchtturm von **Skinári** *(S. 65)* stehen Sie am nördlichsten Punkt der Insel. Von hier aus können Sie eine

Bootsfahrt in die **Blauen Grotten** *(S. 66)* unternehmen, für die Sie allerdings mindestens eine Stunde einplanen müssen. Über **Koríthi** *(S. 69)* und **Ágios Nikólaos** *(S. 65)* geht es weiter nach **Mikró Nisí**, wo Sie am Strand von **Makrís Gialós** *(S. 79)* baden können. Danach geht es auf direktem Weg in Ihren Urlaubsort zurück.

2 KEFALLONIÁS SCHÖNER NORDEN

Viele Natursehenswürdigkeiten, idyllische Dörfer und tolle Strände erwarten Besucher des Inselnordens. Länge der Rundfahrt ab Argostóli: ca. 140 km.

Zunächst geht es einmal quer über die Insel in Richtung Sámi. Ein kurzer Abstecher führt hinauf zur Tropfsteinhöhle **Drongaráti** *(S. 40)* mit ihren künstlichen Lichteffekten. Wieder ganz anders ist die Höhle von **Melissáni** *(S. 44)*, in der Sie unbedingt eine Bootsfahrt unternehmen sollten. Für eine Rast empfiehlt sich die Taverne am kleinen Quellteich von **Karavómilos** *(S. 41)* direkt am Meer, wo Kinder Enten füttern können. Über das nichtssagende Agía Evfimía geht es dann wieder hinüber zur Westküste und gleich hinter Divaráta kurvenreich bergab zum Kieselstrand von **Mírtos** *(S. 48)*. Nach einem Bad kehren Sie zur Hauptstraße zurück, die hoch über der Küste am Berg entlangführt. Ein Muss ist der Abstecher nach **Ássos** *(S. 39)*. Tagesziel ist **Fiskárdo** *(S. 41)* mit dem schönen Hafen.

Für die Rückfahrt nach Argostóli bleiben Sie am besten auf der zwar gut ausgebauten, aber extrem kurvenreichen Hauptstraße, die über Divaráta und Kardakáta führt.

3 EIN LANGER TAG AUF LÉFKAS

Um ganz Léfkas an einem Tag kennenzulernen, sollten Sie früh aufstehen und spätestens um 8 Uhr losfahren. Länge der Rundfahrt ab Lefkáda: ca. 170 km.

Die Strecke von **Lefkáda** *(S. 53)* über **Ligiá** *(S. 54)* nach **Nidrí** *(S. 54)* ist landschaftlich vor allem wegen des so dicht gegenüberliegenden Festlands schön. Hinter Nidrí wird die Landschaft immer grüner. Die Straße passiert zunächst die Bucht von **Vlichó** *(S. 55)* und steigt dann sanft bergan.

Ihr nächstes Ziel ist der schöne Badeort **Vassilikí** *(S. 55)*. Nachdem Sie seinen langen Strand passiert hat, steigt die Inselrundstraße wieder bergan, windet sich durch das große Bergdorf **Ágios Pávlos** und steigt bis auf über 500 m Höhe hinauf. Kurz vor Chortáta biegt eine Stichstraße nach links ab, die Sie auf die **Lefkáta-Halbinsel** *(S. 54)* bringt. Am besten durchqueren Sie sie zunächst einmal bis zum **Kap Doukáto** und legen dann eine Badepause am Bilderbuchstrand von **Pórto Katsíki** ein.

Auf die Inselhauptstraße zurückgekehrt, fahren Sie nun an den besonders fotogen gelegenen alten Bergdörfern **Exánthia** und **Drimónas** vorbei. In Drimónas biegen Sie links ab nach **Ágios Nikítas** *(S. 52)*. Etwa in der Mitte des kilometerlangen Strands nördlich von Ágios Nikítas zweigt eine Straße nach rechts ab, die Sie ins Bergdorf **Kariá** *(S. 53)* bringt. Hier könnten Sie ein wenig einkaufen, ein Museum besichtigen oder einfach den Dorfplatz genießen.

Durch Karía hindurch geht es anschließend weiter ins ganz stille

Bergdorf **Vafkerí** mit einer sehr originellen Taverne und von dort auf einer der landschaftlich schönsten Straßen der Insel abwärts nach **Nidrí**. Die fantastischen Panoramablicke auf die Bucht von Vlichó, die spätnachmittags von zahllosen Segelyachten angelaufen wird, die kleinen Inseln östlich von Léfkas und das gebirgige Festland gehören zu den schönsten Eindrücken, die Griechenland zu bieten hat. Von Nidrí aus können Sie auf der Inselrundstraße wieder zu Ihrem Hotel zurückkehren.

4 AUF DER INSEL DES ODYSSEUS

Itháki ist eine Insel ohne großartige Sehenswürdigkeiten, aber mit schöner Landschaft. Länge der Rundfahrt ab Vathí: ca. 60 km.

Hinter der Bucht von **Dexiá** *(S. 33)* teilt sich die Inselstraße. Während die Hauptstraße immer hoch über der Westküste im Anblick der Nachbarinsel Kefalloniá entlangführt, durchquert eine zweite, kleinere Straße das karge Inselinnere. Hier lohnen das **Kloster Katharón** *(S. 33)* und das Dorf **Anogí** *(S. 32)* mit seiner sehenswerten Kirche und einem kleinen *kafeníon* einen Halt. Von **Stavrós** *(S. 33)* aus sollten Sie dann zunächst einen Abstecher zum Fischerhafen **Pólis** *(S. 34)* unternehmen und von dort über den Hafenort **Fríkes** weiterfahren nach **Kióni** *(S. 33)* mit seinen schönen Tavernen am Meer. Anschließend geht es über die Inselhauptstraße wieder zurück nach **Vathí** *(S. 34)*. Bei genügend Zeit mögen Sie vielleicht auch noch ein Bad am Strand von **Ágios Ioánnis** *(S. 35)* nehmen.

Mírtos auf Kefalloniá: ein naturbelassener Strand wie aus dem Bilderbuch

EIN TAG AUF ZÁKINTHOS

Action pur und einmalige Erlebnisse.
Gehen Sie auf Tour mit unserem Szene-Scout

EINFACH GLÜCKLICH 8:30

Blau-weiß gestreifte Tischdecken, sonnige Terrasse, viel Grün und bunte Blumen: Das Ambiente des *Green Frog* macht glücklich, und die große Frühstückskarte sorgt für den Happy-Kick am Morgen! Perfekt für das Klima: der Joghurt mit Nüssen, frischen Früchten und Honig. **WO?** *Green Hill Studios | Argássi | Tel. 26 95 02 25 96 | www.greenfrog.gr*

9:30 SCHWEBEZUSTAND

Ab nach Vassilikós und die unendlichen Blauschattierungen des Meeres von oben betrachten. Beim Special-Paragliding am San Nicolas Beach braucht man aber keine Vorkenntnisse. Für den Aufwind und Flug sorgt das Boot, mit dem der Schirm durch eine Leine verbunden ist. **WO?** *San Nicolas Beach | Vassilikós | Kosten: 40 Euro | Tel. 26 95 03 53 24 | stnicks@otenet.gr*

DIE WELT IST EINE SCHEIBE 10:30

... zumindest im Keramikstudio von Andriani Kladi. Die Künstlerin pflegt nicht nur das traditionelle Handwerk, sie entwirft auch moderne Keramik! Wer möchte, darf natürlich auch selbst ran an Ton und Co! **WO?** *Ágios Sósti, Lithákia | Laganás | www.andrianiceramic.gr*

12:00 TYPICAL LUNCH

Schwierige Entscheidung in der *Taverne Hermion*. In der schattigen Laube hat man die Qual der Wahl: entweder viele Vorspeisen oder gefüllte Tomaten und Moussaka – ach was! Einfach alles bestellen und drauflos schlemmen – so schmeckt Zákinthos! **WO?** *Mouria | Laganás | Tel. 26 95 05 30 46 | www.mouria.com*

24 h

HOPPHOPP! 14:00

Richtungswechsel, denn jetzt geht's von der Küste ins Hinterland. Bei *Yanni's* trifft man die liebsten Pferde der Insel, auf denen auch Reitanfänger ohne Probleme den Ritt in die Wildnis wagen können. Das besondere Erlebniss: Ein Ritt am Strand! **WO?** *Kato Gerakari | Alikanás | Tel. 26 95 06 21 21 | www.zanteisland.com*

16:00 SPINOS' WEBWORKSHOP

Learning by looking! Beim Weben an traditionellen Holzwebstühle zusehen, denn hier wird noch wie anno dazumal gearbeitet. Die perfekte Abendeinstimmung gibt's auch, denn George und Vaso Spinos trinken mit Gästen gern ein Glas Wein. **WO?** *Áno Vólimes | Tel. 26 95 03 13 76 | Preis auf Anfrage*

LUXUSESSEN 20:00

Zum Abendessen nach Alikés: Die *Olympic Bar* ist der Design-Hotspot der Insel. Die Menüempfehlung ist natürlich der Fang des Tages! Lust auf Luxus? Dann unbedingt die Kaviar-Karte studieren! **WO?** *Alikés | Tel. 26 95 08 35 07 | www.olympicbar.com*

24:00 NACHTEULEN

Zur perfekten Nacht fehlen noch leckere Cocktails, gute Musik und ein kleines Tänzchen! Bitteschön, die *Enigma Bar*! Party und gute Laune all night long! **WO?** *Alikés | www.alykes.com/bars/enigma*

> VON BIKING BIS WINDSURFING

Die besten Plätze für Ihren Lieblingssport und die wichtigsten Adressen zur Vorabinformation

> Auf den Inseln dieser Region gibt es weniger Sportmöglichkeiten als auf vielen anderen griechischen Inseln. Zákinthos ist für seine vielen guten Tauchgründe berühmt, Léfkas gilt als ein Dorado der Windsurfer. Biker werden sich auf Kefalloniá und Léfkas am wohlsten fühlen.

BIKING

Kefalloniá und Léfkas sind ideal für anspruchsvolle Mountainbiker, da man hier noch viele Wege durchs Gebirge findet, die höchstens von wenigen Jeeps befahren werden.

Auf Kefalloniá erhaltenen Sie ein Rad und gute Tipps im *Panellinikos Bike Store (Odós Lithostróto 72, Argostóli | Tel./Fax 26 71 02 71 18).* Falls noch Plätze frei sind, können Sie Tagestouren und Tourenpakete auf Léfkas vor Ort buchen bei *Áthos Travel (Nidrí, an der Hauptdurchgangsstraße auf Hafenhöhe | Tel. 26 45 09 21 85).* Dort werden auch

Bild: Badebucht auf Zákinthos

SPORT & AKTIVITÄTEN

einfache Mountainbikes an Individualfahrer vermietet *(ab 5 Euro pro Tag)*. Auf Zákinthos werden in allen Urlaubsorten Mietfahrräder und einfachere Mountainbikes angeboten.

BOOTSAUSFLÜGE

Die größte Auswahl an Bootsausflügen wird auf Léfkas geboten. Einer davon führt nach Meganísi, Itháki und Fiskárdo auf Kefalloniá und passiert auf der Rückfahrt auch die Onassis-Insel Skórpios *(30 Euro)*. Ein zweiter hat die Blauen Grotten auf Zákinthos, Póros auf Kefalloniá, Meganísi und Skórpios zum Ziel *(40 Euro)*. Infos: *Aléxandros K Shipping Company (Nidrí | Tel. 26 45 09 22 18 | Fax 26 45 09 26 28)*.

Romantischer ist eine Tageskreuzfahrt mit der „Odysseía". Diese fantasievolle Replik des Bootes von Odysseus wurde in Vlichó auf Léfkas erbaut und startet täglich ab Nidrí zu einer Tour nach Meganísi und Skórpios. Unterwegs bleibt viel Zeit zum Baden, Schnorcheln und Angeln. Auch ein Barbecue gehört zum Programm *(40 Euro)*. Infos am Hafen von Nidrí und in allen Reisebüros auf Léfkas. Außerdem werden mehrmals wöchentlich Fahrten rund um Léfkas angeboten, bei denen Badepausen an den Stränden von Káthisma und Pórto Katsíki sowie in Vassilikí eingelegt werden *(25 Euro)*. Auskunft in Reisebüros oder auf den Booten.

Auf Zákinthos stechen morgens drei bis vier Ausflugsdampfer zu Fahrten rund um die Insel in See, deren Programm nahezu identisch ist. Unterwegs werden mindestens zwei Badepausen eingelegt, eine davon am Schiffswrackstrand *(Tickets in den Reisebüros an der Uferstraße | Preis ab Hafen 25 Euro)*.

MOTORBOOTE

Boote mit Motoren bis zu 30 PS können in Griechenland auch von Erwachsenen gemietet werden, die keinen Bootsführerschein besitzen. Tagesmiete je nach PS-Zahl und Saison etwa 40–105 Euro pro Tag. Anbieter finden Sie u.a. in Fiskárdo auf Kefalloniá *(Fiscardo Boat Hire | am Hafen | Tel. 26 74 04 13 17 | www.fiscardo.com/rent_a_boat.htm)*, in Nidrí auf Léfkas *(Avis | an der Hauptdurchgangsstraße | Tel. 26 45 09 21 36)* und in Alikés auf Zákinthos *(Golden Dolfin | nördl. Strandbereich | Tel. 26 95 08 32 48 | www.alykes.com)*.

REITEN

Insider Tipp

Einen besonders guten Reitstall finden passionierte Reiter bei Zerváta auf Kefalloniá. Cornelia Schimpfky hält u.a. Haflinger. Sie bietet mehrstündige Ausritte an sowie mehrtägige Trails und gibt auch Unterricht im Springen und im Dressurreiten *(Tel. 69 77 53 32 03, Tel./Fax in Deutschland 0731/824 74 | www.kephalonia.com)*.

Auf Zákinthos hält die in Pferde vernarrte Nána Tsouráki über 50 Pferde und Ponys für Anfänger und Könner bereit. Sie zeigt sich umweltbewusst, bietet keine Strandritte, sondern nur Geländeritte an *(abseits der Straße Argássi–Kalamáki, gut ausgeschildert | Tel. 26 95 02 31 95 u. 69 44 52 05 19 | tgl. ab 7 Uhr | kostenloser Transfer zum Hotel | 1 Std. 20 Euro, 2 Std. 35 Euro)*.

SEEKAYAK

In ganz Griechenland einzigartig ist das Angebot von *Monte Nero* auf Kefalloniá. Das vom schweizerisch-griechischen Paar Yvonne und Pávlos geführte kleine Unternehmen bietet nicht nur Tagesausflüge (55 Euro) mit Seekayaks entlang der Insel an, sondern auch acht- und neuntägige Kayakwanderungen, die u.a. nach Itháki, Meganíssi, Kástos und Kálamos führen *(Zerváta | Tel. 69 34 01 04 00 | Fax 26 71 04 17 29 | www.monte-nero-activities.com)*.

SEGELN

Möglichkeiten zum Flottillensegeln werden ab Nikianá auf Léfkas und ab Fiskárdo auf Kefalloniá offeriert. Die Törns dauern ein oder zwei Wochen und bieten auch Anfängern Gelegenheit, unbeschwert durch das Revier zu kreuzen, denn die erfahrene Crew auf dem Begleitboot gewährleistet Sicherheit. Veranstalter: *Sunsail (www.sunsail.de)*. Möglichkeiten zum Mitsegeln ab Nidrí auf Léfkas bietet auch *Skorpios-Charter (Tel. 26 45 09 22 81 | Fax 26 45 09 20 57 | www.skorpioscharter.com)*.

TAUCHEN

Der ideale Spot für Taucher ist die ★ höhlenreiche Küste entlang der Halbinsel im Südwesten von Límni Kerioú auf Zákinthos. Hier gibt es zwei sehr gute Tauchbasen mit langer Erfahrung und deutschsprachigem Unterricht: *Turtle Beach Diving Centre Timothéos Marmíris (Limní Kerioú | Hafen | Tel./Fax 26 95 04 87 68 | www.diving-center-turtle-beach.com)* und das *Neró Sport Diving Center (Peter Mohr | Límni Kerioú, westl. des Hafens | Tel. 26 95 02 84 81 | Fax 26 95 04 91 25 | www.nero-sport.de)*.

Eine gute Tauchschule auf Léfkas ist das *Léfkas Diving Center* in Nikianá *(Tel. 26 45 07 21 05 www.lefkasdivingcenter.gr)*. Eine weitere Tauchstation befindet sich am Strand in Vassilikí auf Léfkas: *Club Vassiliki (Tel. 26 45 03 15 88 | www.vassiliki.com.gr)*.

WANDERN

Beim Wandern sollten Sie wegen des dornigen Gestrüpps immer lange Hosen tragen. Auch festes Schuhwerk ist unabdingbar. Genaue Wanderkarten gibt es nicht, einige wenige ausgeschilderte Wanderwege nur auf Kefalloniá und Itháki.

Über der Dexiá-Bucht auf Itháki umweht den Wanderer ein Hauch Antike

WASSERSPORT

Außer auf Itháki gibt es auf allen Inseln Wassersportstationen (meist direkt vor den großen Hotels), wo man Tretboote mieten, Wasserski fahren und Paragliding betreiben kann.

WIND- & KITESURFING

Auf Léfkas gibt es an vielen Stränden Windsurfzentren. Zu den guten gehören der *Club Vassiliki Windsurfing (am Strand von Vassilikí | Tel. 26 45 03 15 88 | www.clubvass.com)* und der *Mílos Windsurf Club (im Starkwindrevier von Ágios Ioánnis nahe Lefkáda | Tel. 69 73 75 83 76)*.

> VIEL SPASS FÜR ELTERN UND KINDER

Die besten Ideen für kleine Abenteurer im Wasser, auf dem Wasser und zu Lande

> Itháki, Kefalloniá, Léfkas und Zákinthos sind relativ kleine Inseln mit relativ wenigen ständigen Bewohnern. Deshalb lohnt es nicht, für die Einheimischen Freizeitparks, Zoos oder Spaßbäder einzurichten. Auf Itháki und Kefalloniá gibt es überhaupt keinen Massentourismus, auf Léfkas nur in Ansätzen. Hier würden sich also nicht einmal für die Gäste größere Investitionen dieser Art lohnen. Nur auf Zákinthos gibt es bescheidene Ansätze dazu.

Dass Einrichtungen, die bei uns für einen Familienurlaubsort unerlässlich scheinen, fehlen, hat aber auch andere Gründe. Die Griechen sind auf eine ganz spezielle – und sicher mindestens ebenso gute – Art sehr kinderfreundlich. Sie lassen die Kleinen ganz einfach an fast allem teilhaben, was die Großen tun – und das bis weit nach Mitternacht. Kinder sind auch abends in Cafébars und Tavernen gern gesehene Gäste. Sie dür-

MIT KINDERN REISEN

fen auf öffentlichen Plätzen zwischen den Flanierenden herumtollen und sogar vor Kirchenmauern Fußball spielen. Auch bei vielen Wasser- und anderen Sportangeboten gibt es keine genau festgelegten Altersgrenzen: Was die Kinder können und die Eltern ihnen zutrauen, dürfen sie ausprobieren.

Das gute Wetter, Strände und Meer tragen ein Übriges dazu bei, dass es Kindern wohl kaum langweilig werden wird. Außer auf Itháki gibt es genügend flache, windgeschützte Buchten, an denen der Nachwuchs planschen und baden kann. Die großen Hotels auf Zákinthos verfügen zudem fast alle über Kinderplanschbecken.

Bootsausflüge sind kleine Abenteuer. Wenn die Eltern mutig genug sind, können sie ja sogar selbst ein Motorboot mieten und ihre Kinder als Matrosinnen und Schiffsjungen anheuern. Insider Tipp

Auch Spaziergänge machen vielen Jungen und Mädchen Spaß, die zu Hause ungern mit den Eltern wandern. Auf den griechischen Inseln gibt es keine langweiligen Wanderautobahnen, sondern überwiegend Hirten- und Ziegenpfade, über die zahllose Eidechsen und manchmal sogar Schlangen huschen. Verbotsschilder sind nahezu unbekannt, die Kleinen können herumkraxeln, wie es ihnen gefällt – das allerdings auch in Ruinen und mittelalterlichen Burgen, die fast nie gesichert sind!

Ärzte, die sich auch mit Kinderkrankheiten auskennen, gibt es auf allen Inseln. Griechische Ärzte verschreiben allerdings auch bei leichteren Erkrankungen oft sehr schnell Antibiotika. Wer diesen Arzneimitteln gegenüber kritisch eingestellt ist, nimmt besser seine Hausmittel mit.

Kinderermäßigungen werden in Linienbussen, auf innergriechischen Flügen, auf Schiffen und Ausflugsbooten sowie bei vielen Ausflugsangeboten bis zum Alter von 12 Jahren gewährt. Der Besuch staatlicher Museen und Ausgrabungsstätten ist für Kinder kostenlos.

Da es auf den übrigen Inseln keine Attraktionen speziell für Kinder gibt, beschränkten sich die folgenden Empfehlungen auf Zákinthos.

ZÁKINTHOS

FAHRTEN MIT DEM FIAKER [117 E4]

Am *Ágios-Nikólaos-Pier* am Rand der Platía Solomoú in Zákinthos-Stadt stehen am späten Nachmittag Pferdekutschen, die mit ihren kleinen und großen Gästen 20-minütige Rundfahrten durch die Inselhauptstadt unternehmen. Wer von den Kleinen Lust dazu hat und sich schon allein festhalten kann, darf direkt neben dem Kutscher Platz nehmen. Kutschen gibt es außerdem auch in *Alikés,* wo sie meist an der parallel zum Strand verlaufenden Hauptstraße auf Kundschaft warten. *20 Euro für 20 Minuten Fahrt;* in der Vor- und Nachsaison kann man den Preis bei genügend Beharrungsvermögen eventuell bis auf 15 Euro herunterhandeln.

MINICHAUFFEURE [117 E4]

Wenn in Deutschland schon fast das Sandmännchen kommt, dürfen sich die Kinder in Griechenland selbst ans Steuer eines Jeeps oder VW Beetle setzen. Die kleinen Elektrogefährte stehen bei gutem Wetter täglich ab 18 Uhr auf der großen Platía der Stadt Zákinthos, der *Platía Solomoú,* bereit und sind meist bis nach 22 Uhr in Betrieb. Einzige Voraussetzung: Die Kleinen müssen schon ein Lenkrad halten und ein Gaspedal durchtreten können – was oft leichter ist, als den Fuß wieder vom Gas zu nehmen. In den Autos haben sogar zwei Kinder oder ein federleichter Elternteil samt Nachwuchs Platz. Ein wenig sollten die Eltern auf jeden Fall auf ihre Kinder achten, denn das Revier ist nicht umzäunt. Ausreißer könnten von hier aus überallhin fahren – solange die Batterie mitmacht. *4 Euro für 15 Minuten*

Insider Tip

MINIZUG AUF RÄDERN [117 E4]

Miniaturzüge mit Lokomotive und drei Waggons, in denen jeweils etwa 20 Personen Platz haben, sind überall in Griechenland ganz groß in Mode. Sie fahren mit Elektromotoren und auf Gummireifen. Auf Zákinthos verkehren gleich zwei davon. Einer rollt *von Alikés nach Pigadákia* und ist auch für Erwachsene interessant *(S. 71)*. Der andere ist *zwischen Argássi und der Inselhauptstadt* unterwegs. Abfahrt in *Argássi* am *Hotel Mimóza* an der Hauptdurchgangsstraße, in *Zákinthos-Stadt* an der *Platía Solomoú. Fahrzeiten saisonabhängig, meist jedoch tgl. 10–13 u. 17–22 Uhr*

TIEREN GANZ NAH [116 B2]

Schafe, Kaninchen, Landschildkröten, Ziegen, Greifvögel, Eidechsen, Esel und manch andere Tiere bevölkern den *Áskos Stonepark,* der landschaftlich schön zwischen Hügeln eingebettet im Norden der Insel liegt. Auch alte Brunnen und Ställe und eine steinerne Weinpresse haben hier eine neue Heimat gefunden. Der Eintrittspreis ist jedoch unverhältnismäßig hoch für diesen Park, der gerade erst im Aufbau ist. *Mai–Sept. tgl. 9–19 Uhr, Okt.–April tgl. 10–17 Uhr | Eintritt 8 Euro, Kinder (5–12 Jahre) 3 Euro | Áskos | www.askosstonepark.gr*

UNTERHALTUNG OHNE ELTERN [117 F5]

Auf Zákinthos gibt es anders als auf den übrigen Inseln ein Hotel, das zumindest tagsüber stundenweise die Betreuung kleiner Kinder in einer Art Miniclub oder Kindergarten anbietet: *Hotel Louis Royal Palace* in *Vassilikós (Tel. 26 95 03 54 92 | Fax 26 95 03 54 88 | www.louishotels.com | €€€ | auch pauschal über Reiseveranstalter zu buchen)*. Der Miniclub kann auch von Kindern besucht werden, die im benachbarten *Hotel Louis Imperial Zante* wohnen, das auch All-inclusive-Urlaub anbietet *(Tel. 26 95 03 51 21 | Fax 26 95 03 50 31 | www.louishotels.com | €€€ | ebenfalls pauschal zu buchen)*. Als Besonderheit bietet dieses Hotel auch die einzige nennenswerte Wasserrutsche der Insel an einem seiner Pools. Insider Tipp

Von der Platía Salomoú in Zákinthos-Stadt starten Fiaker zu Rundfahrten

> VON ANREISE BIS ZOLL

Urlaub von Anfang bis Ende: die wichtigsten Adressen und Informationen für Ihre Reise auf die Ionischen Inseln

ANREISE

Zákinthos wird im Sommerhalbjahr per Charter von zahlreichen Flughäfen in den deutschsprachigen Ländern angeflogen. Nach Préveza/Léfkas und nach Kefalloniá starten nur einige wenige Charterflüge. Per Linie sind Zákinthos, Kefalloniá und Léfkas ganzjährig via Athen zu erreichen. Nach Itháki kommt man nur per Schiff, am besten ab Patras oder Kefalloniá.

Seit Sommer 2003 gibt es auch preisgünstige Flüge mit Olympic Airlines *(www.olympic-airlines.de)* von Préveza nach Kefalloniá (34 Euro) und Zákinthos (39 Euro) sowie zwischen Kefalloniá und Zákinthos (32 Euro). Außerdem sind Léfkas, Kefalloniá, Zákinthos und Itháki ganzjährig per Wasserflugzeug mit Patras und Korfu verbunden *(www.airsealines.com)*. Diese Flüge werden in geringer Höhe durchgeführt, sodass man beste Sicht auf die Inseln hat (Léfkas–Korfu ca. 65 Euro).

Autofähren verbinden Igoumenítsa auf dem Festland (für Léfkas) und Patras auf dem Peloponnes (für die übrigen Inseln) ganzjährig mit den italienischen Häfen Ancona, Venedig, Brindisi, Bari und Triest. Von Brindisi fährt jeden zweiten Tag eine Autofähre nach Kefalloniá, von Anfang August bis Mitte September sogar täglich. *Info: Endeavor Lines* |

PRAKTISCHE

HINWEISE

Tel. 21 09 40 52 22 | www.endeavor lines.com

AUSKUNFT

GRIECHISCHE ZENTRALE FÜR FREMDENVERKEHR

– Neue Mainzer Str. 22 | 60311 Frankfurt/M. | Tel. 069/23 65 61–3

– Wittenbergplatz 3 a | 10789 Berlin | Tel. 030/217 62 62–3

– Neuer Wall 18 | 20354 Hamburg | Tel. 040/45 44 98

– Pacellistr. 5 | 80333 München | Tel. 089/22 20 35–6

– Opernring 8 | 1015 Wien | Tel. 01/512 53 17–8

– Löwenstr. 25 | 8001 Zürich | Tel. 01/221 01 05

AUTO

Für die Einreise mit dem eigenen PKW genügen der nationale Führer- und der Kraftfahrzeugschein; eine internationale grüne Versicherungskarte wird empfohlen.

Auf den Inseln ist das Tankstellennetz dicht. Das Anlegen von Sicherheitsgurten ist für Fahrer und Beifahrer vorgeschrieben. Zulässige Höchstgeschwindigkeit in den Städten 50 km/h, auf Landstraßen 90 km/h. Promillegrenze 0,5, für Motorradfahrer 0,1.

Parken im Parkverbot ist teuer: 80 Euro kostet der Spaß. Auch andere Verkehrssünden werden in Griechenland mit sehr viel höheren Bußgeldern belegt als z. B. in Deutschland.

BUSSE

Linienbusse verkehren auf fast allen Ionischen Inseln. Die Fahrpreise sind niedrig. Fahrkarten verkauft der Schaffner im Bus.

CAMPING

Wildes Zelten ist verboten, an einsamen Stränden aber üblich. Auf vielen Inseln sind offizielle Campingplätze vorhanden, die meist nur zwischen Mai und September geöffnet haben.

DIPLOMATISCHE VERTRETUNGEN

DEUTSCHE BOTSCHAFT

Odós Karaolí ke Dimitríou 3 | Athen | Tel. 21 07 28 51 11 | Fax 21 07 25 12 05

ÖSTERREICHISCHE BOTSCHAFT

Leofóros Vas. Sofias 4 | Athen | Tel. 21 07 25 72 70 | Fax 21 07 25 72 92

SCHWEIZER BOTSCHAFT

Odós Jassíou 2 | Athen | Tel. 21 07 23 03 64 | Fax 21 07 24 92 09

EINREISE

Zur Einreise genügt ein gültiger Personalausweis. Kinder unter 16 Jahren müssen im Pass eines mitreisenden Elternteils eingetragen sein oder brauchen einen Kinderausweis.

EINTRITTSPREISE

Ermäßigungen erhalten Senioren über 65 Jahre aus EU-Ländern. Freier Eintritt wird Kindern, Jugendlichen sowie Studenten aus EU-Ländern gewährt.

FÄHREN

Zwischen Sámi/Kefalloniá und Vathí/Itháki verkehren auch große Autofähren, sonst fahren nur kleine Autofähren zwischen den Inseln. Von Ágios Nikólaos auf Zákinthos gelangt man nach Pessáda auf Kefalloniá. Von Fiskárdo bzw. Ag. Evfímia auf Kefalloniá kommt man nach Fríkes bzw. Alalkoménes auf Itháki, von Fiskárdo und Fríkes nach Vassilikí und Nidrí auf Lefkas.

FKK

Völlig nackt baden sollten Sie nur an einsamen Stränden. Oben ohne wird aber überall akzeptiert, auch an Hotelpools.

FOTOGRAFIEREN & FILMEN

Filme sind teuer. Speicherkarten sind auf allen Inseln erhältlich. In Fotogeschäften und Internetcafés kann man gespeicherte Fotos auf CD/DVD brennen.

GELD & PREISE

Bargeld können Sie mit EC-Karte oder mit Kreditkarte an vielen Automaten ziehen, Reiseschecks bei Banken und Postämtern einlösen. *Öffnungszeiten der Banken Mo–Do 8–14 Uhr, Fr 8–13.30 Uhr.*

Das Preisniveau entspricht ungefähr dem deutschen. Hotelzimmer, Benzin und öffentliche Verkehrsmittel sind billiger, Lebensmittel teurer.

GESUNDHEIT

Eine medizinische Grundversorgung ist auf allen größeren Inseln gewährleistet. Die Ärzte sind gut ausgebildet, es mangelt jedoch an apparativen Hilfen. Bei ernsthaften Verletzungen oder Erkrankungen empfiehlt sich daher die Heimreise, deren Kosten durch eine Versicherung gedeckt sein sollten.

Zwischen Deutschland bzw. Österreich und Griechenland besteht ein Sozialversicherungsabkommen. Mit der von der eigenen gesetzlichen Krankenkasse ausgestellten Europäischen Krankenversicherungskarte kann man sich bei den Vertragsärzten

> BLOGS & PODCASTS

Gute Tagebücher und Files im Internet

- *www.ert.gr* – Griechische Rundfunk- und Fernsehprogramme dank Livestream zu sich nach Hause holen (Menüführung englisch)
- *www.in-greece.de* – Teilnehmerstarkes Griechenland-Forum ohne hohe Ansprüche, mit viel Werbung gespickt (deutsch)
- *www.travelblog.org* – Punktet mit sehr guten englischsprachigen Blogs von Bloggern aus aller Welt. Suchbegriff: Ionian Islands
- *www.youtube.com* – Das Angebot an Vlogs zu den Inseln ist unschlagbar. Beachten: Im Englischen heißt es statt Zákinthos oft Zante

Für den Inhalt der Blogs & Podcasts übernimmt die MARCO POLO Redaktion keine Verantwortung.

der griechischen Krankenkasse IKA kostenlos behandeln lassen. Trotzdem empfiehlt sich für Pflichtversicherte der Abschluss einer privaten Auslandskrankenversicherung für die Urlaubsdauer.

Apotheken gibt es in den größeren Inselorten; auf kleineren Inseln hält der Arzt Medikamente für den Notfall bereit.

INTERNET

www.gnto.gr – Homepage der griechischen Fremdenverkehrszentrale

www.culture.gr – Website des griechischen Kultusministeriums mit Beschreibungen, Fotos und Angaben zu Öffnungszeiten und Eintrittspreisen aller Ausgrabungen und zahlreicher Museen (englisch)

www.gtp.gr – Fahrplanauskünfte für innergriechische und internationale Fährverbindungen (englisch)

www.ekathimerini.gr – E-Ausgabe der großen griechischen Tageszeitung „Kathimeriní" (englisch)

www.griechenland-zeitung.de – E-Ausgabe der deutschsprachigen „Griechenland-Zeitung"

www.zantenet.gr – Gute englischsprachige kommerzielle Website für Zákinthos

www.kefalonitis.com und *http://just kefalonia.uk* – Gute kommerzielle Websites für Kefalloniá

www.lefkas.net – Gute Website für Léfkas

www.ithakiholidays.com – Informative Homepage des größten Reisebüros auf Itháki

INTERNETCAFÉS

Es gibt sie in den meisten Urlaubsorten. Besonders gut sind das Internetcafé in *Argássi* auf *Zákinthos (an der Hauptstraße)* und das Internetcafé in *Lefkáda* auf *Léfkas (Odós Kouroúmbi/Ecke Odós 8is Merárchis, im Gebäude der Commercial Bank).* Meist zahlt man 5–6 Euro pro Stunde.

KLIMA & REISEZEIT

Die Ionischen Inseln eignen sich nur im Sommerhalbjahr als Urlaubsziel. Da sie fast alle sehr stark vom Tourismus abhängen, sind zwischen Mitte Oktober und April viele Geschäfte, Restaurants und Hotels außerhalb der Inselhauptstädte geschlossen, wirken die Inseln in dieser Zeit geisterhaft leer. Die Verkehrsverbindungen sind stark eingeschränkt, das Wetter kann durch Stürme und Regenfälle auch äußerst ungemütlich werden.

WAS KOSTET WIE VIEL?

KAFFEE	2,50 EURO für eine Tasse Mokka
TAXI	68 CENT pro Kilometer
WEIN	2,50 EURO für ein Glas Tafelwein
GÝROS	2,50 EURO für eine Portion im Fladenbrot
BENZIN	1,30 EURO für 1 l Super
LIEGESTUHL	4–8 EURO für zwei mit Sonnenschirm

MIETFAHRZEUGE

Auf nahezu allen Ionischen Inseln werden Mopeds, Motorräder und Autos vermietet. Mopeds und Motorräder sind allerdings häufig in einem schlechten Zustand; ungeübte Fahrer verursachen viele Unfälle. Mietwagen werden von zahlreichen Unternehmen angeboten. Der Fahrer muss mindestens 21 Jahre alt sein, der nationale Führerschein genügt. Kleinwagen (z.B. Opel Corsa) kosten inklusive Steuern, Vollkasko und allen gefahrenen Kilometern ab etwa 35 Euro pro Tag. Achtung: Schäden an den Reifen und an der Unterseite des Autos sind meistens nicht mitversichert!

NOTRUF

Tel. 112 – Polizei, Feuerwehr, Erste Hilfe, Krankenwagen (landesweit, gebührenfrei, hier wird englisch gesprochen, oft auch deutsch).

POST

Postämter gibt es in allen Städten und auf fast allen Inseln; sie sind meist *Mo–Fr 7–15 Uhr* geöffnet.

SPRACHE

Die Griechen sind stolz auf ihre eigene Schrift, die von keinem anderen Volk der Erde geschrieben wird. Für Aufschriften und Ortsschilder wird häufig zusätzlich unsere lateinische Schrift verwendet. Trotzdem ist es hilfreich, die griechischen Buchstaben zu kennen. Die richtige Betonung ist fürs Verstandenwerden äußerst wichtig. Betont wird immer der Vokal, der den Akzent trägt.

Schwierigkeiten macht die Transkription griechischer in lateinische Buchstaben. Die im Kartenteil dieses Reiseführers verwendete Umschrift entspricht einer offiziellen UN-Vereinbarung, wird auf den Inseln aber fast nie benutzt. Der Textteil orien-

WETTER AUF ZÁKINTHOS

	Jan.	Feb.	März	April	Mai	Juni	Juli	Aug.	Sept.	Okt.	Nov.	Dez.
Tagestemperaturen in °C	14	14	16	19	24	28	31	32	28	23	19	16
Nachttemperaturen in °C	5	5	7	9	12	16	18	18	16	13	10	7
Sonnenschein Std./Tag	4	5	6	8	10	10	13	11	9	7	5	3
Niederschlag Tage/Monat	13	11	9	7	5	2	1	1	5	9	12	15
Wassertemperaturen in °C	14	14	14	16	18	21	23	24	23	21	18	16

tiert sich an der richtigen Aussprache und den vor Ort üblichen Scheibweisen, die jedoch auch oft uneinheitlich sind. So kann es durchaus vorkommen, dass ein und derselbe Ortsname im Ort und in seiner Umgebung in drei oder vier verschiedenen Versionen auftaucht. Da ist dann ein wenig Pfadfindergeist gefragt.

STROM

220 Volt Wechselstrom. Es werden die gebräuchlichen Zweipunktsteckdosen benutzt.

TAXI

Taxis sind auf allen Inseln reichlich vorhanden. Nur in den größeren Städten wie Zákinthos-Stadt sind sie mit Taxametern ausgerüstet. In allen anderen Fällen wird das Taxi als *agoréon* bezeichnet, dessen Fahrer den Preis nach Kilometern berechnet. Eine Entfernungs- und Preistabelle muss in jedem *agoréon* ausliegen.

TELEFON & HANDY

Kartentelefone sind weit verbreitet. Telefonkarten sind in den Büros der Telefongesellschaft OTE, an vielen Kiosken und in Supermärkten erhältlich. Telefonate aus Hotels sind teuer.

Vorwahlen: Deutschland 0049, Österreich 0043, Schweiz 0041, dann jeweils die Ortsvorwahl ohne die erste Null wählen; Griechenland 0030, anschließend die vollständige zehnstellige Rufnummer. Ortsvorwahlnummern gibt es in Griechenland nämlich nicht, auch bei Ortsgesprächen ist deshalb immer die komplette Rufnummer zu wählen.

Handys werden viel genutzt, die Flächendeckung ist sehr gut. Griechische Handynummern beginnen mit einer Sechs. Beim Roaming (Telefonieren aus dem Ausland mit dem eigenen Handy) spart, wer vor Ort das günstigste Netz wählt. Mit einer Prepaid-Karte des Gastlandes entfallen die Gebühren für eingehende Anrufe. Prepaid-Karten wie die von Global-Sim *(www.globalsim.net)* ersparen alle Roaming-Gebühren. Immer günstig sind SMS, sehr teuer dagegen die Mailbox: also abschalten!

TRINKGELD

10–15 Prozent wie bei uns; Beträge unter 50 Cent sind beleidigend. Zimmermädchen gibt man 1 Euro pro Zimmer und Tag; im Taxi rundet man den Fahrpreis um mindestens 50 Cent auf.

ZEIT

In Griechenland ist es ganzjährig eine Stunde später als bei uns.

ZEITUNGEN & RADIO

Internationale Zeitungen und Zeitschriften sind in allen Urlaubszentren mit ein bis zwei Tagen Verspätung erhältlich. Über das Geschehen in Griechenland informiert die deutschsprachige, wöchentlich erscheinende „Griechenland-Zeitung".

ZOLL

Innerhalb der EU dürfen Privatreisende alle Waren für den persönlichen Verbrauch ohne Zoll- und Einfuhrbeschränkungen ein- und ausführen, u.a. bis zu 800 Zigaretten, 90 l Wein und 10 l Spirituosen. Für Schweizer gelten geringere Freimengen, z.B. 2 l Wein und 1 l Spirituosen, 200 Zigaretten.

> MILÁS ELLINIKÁ?

„Sprichst du Griechisch?" Dieser Sprachführer hilft Ihnen, die wichtigsten Wörter und Sätze auf Griechisch zu sagen

Aussprache und Alphabet mit Umschrift

Zur Erleichterung der Aussprache sind alle griechischen Wörter mit einer einfachen Aussprache (in der mittleren Spalte) versehen. Folgende Zeichen sind Sonderzeichen:

'	die nachfolgende Silbe wird betont
ð	wie englisches „th" in „the", mit der Zungenspitze hinter den Zähnen
θ	wie englisches „th" in „think", mit der Zungenspitze zwischen den Zähnen

Α	α	a	Η	η	i	Ν	ν	n	Τ	τ	t
Β	β	v, w	Θ	θ	th	Ξ	ξ	ks, x	Υ	υ	i, y
Γ	γ	g, i	Ι	ι	i, j	Ο	ο	o	Φ	φ	f
Δ	δ	d	Κ	κ	k	Π	π	p	Χ	χ	ch
Ε	ε	e	Λ	λ	l	Ρ	ρ	r	Ψ	ψ	ps
Ζ	ζ	s, z	Μ	μ	m	Σ	σ, ς	s, ss	Ω	ώ	o

AUF EINEN BLICK

Ja./Nein.	nä./'ochi.	Ναι./'Οχι.
Vielleicht.	'issos.	'Ισως.
Bitte.	paraka 'lo.	Παρακαλώ.
Danke.	äfchari'sto.	Ευχαριστώ.
Entschuldigung!	si'gnomi!	Συγνώμη!
Wie bitte?	o'ristä?	Ορίστε;
Ich verstehe Sie nicht.	ðä sass katala'wäno.	Δε σας καταλαβαίνω.
Können Sie mir bitte helfen?	bo'ritä na mä woi'θisätä paraka'lo?	Μπορείτε να με βοηθήσετε, παρακαλώ;
Guten Morgen!	kali'mära!	Καλημέρα!
Guten Tag!	kali'mära!/'chärätä!	Καλημέρα/Χαίρετε!
Guten Abend!	kali'spära!	Καλησπέρα!
Hallo! Grüß dich!	'jassu!	Γειά σου!
Mein Name ist …	mä 'länä …	Με λένε …
Ich bin aus …	'imä a'po …	Είμαι από …
… Deutschland.	… ti järma'nia	… την Γερμανία;
… Österreich.	… tin Afs'tria.	… την Αυστρία.
… der Schweiz.	… tin Elwe'tia.	… την Ελβετία.
Auf Wiedersehen!	a'dio!	Αντίο!
Tschüss!	'jassu!	Γειά σου!
Wo sind bitte die Toiletten?	pu 'inä paraka'lo i tua'lätäs?	Πού είναι παρακαλώ οι τουαλέτες;

> www.marcopolo.de/zakinthos

SPRACHFÜHRER GRIECHISCH

Hilfe!	wo’iθja!	Βοήθεια!
Achtung!/Vorsicht!	prosso’chi!	προσοχή!
Rufen Sie bitte schnell …	ka’lästä, paraka’lo, ’grigora …	Καλέστε, παρακαλώ, γρήγορα …
… einen Krankenwagen.	’äna asθäno’foro.	… ένα ασθενοφόρο.
… die Polizei.	tin astino’mia.	… την αστυνομία.
… die Feuerwehr.	tim piroswästi’ki ipirä’sia.	… την πυροσ βεστικη υπηρεσ ια.

UNTERWEGS

Bitte, wo ist …?	paraka’lo, ’pu ’inä …?	Παρακαλώ, πού είναι …;
Bahnhof	o staθ’mos	ο σταθμός
Hafen	to li’mani	το λιμάνι
Haltestelle	i ’stasi	η στάση
Bus	to läofo’rio	το λεωφορείο
Fähre	to färibot	το φεριμπότ
Zug	to ’träno	το τρένο
Welche Linie fährt nach …?	’pja gra’mi pi’jäni pros …?	Ποια γραμμή πηγαίνει προς …;
Wo kann ich den Fahrschein kaufen?	’pu bo’ro nago’raso isi’tirio?	Πού μπορώ ν’αγοράσω εισιτήριο;
links/rechts	aristä’ra/ðäks’ja	Αριστερά/Δεξιά
geradeaus	ef’θia	Ευθεία
Wie weit ist es zum/zur …?	’posso makri’a ’inä ja …?	Πόσο μακριά είναι για …;
nah/weit	ko’nda/makri’a	Κοντά/Μακριά
Ich möchte … mieten.	’θälo na ni’kjasso …	Θέλω να νοικιάσω …
… ein Auto …	’äna afto’kinito	… ένα αυτοκίνητο
… ein Fahrrad …	’äna po’ðilato	… ένα ποδήλατο
… ein Boot …	’mia ’warka	… μια βάρκα
Ich habe eine Panne.	’äpaθa zim’ja.	’Επαθα ζημειά
Würden Sie mir bitte einen Abschlepp-wagen schicken?	θa boru’ssatä na mu ’stilätä ’äna ’ochima ri’mulkissis?	Θα μπορούσατε να μου στείλετε ένα όχημα ρυμούλκησης;
Wo ist hier in der Nähe eine Werkstatt?	’pu i’parchi ä’ðo kon’da ’äna sinär’jio?	Πού υπάρχει εδώ κοντά ένα συνεργείο;
Wo ist bitte die nächste Tankstelle?	’pu ’inä, sass paraka’lo, to e pomäno wensi-’načiko?	Πού είναι, σας παρακαλώ, το επόμενο βενζινάδικο;
Normalbenzin	ap’li wän’sini	απλή βενζίνη.

Super/Diesel	’supär/’disäl	Σούπερ./Ντήζελ.
bleifrei/verbleit	a’moliwði/mä’moliwðo	αμόλυβδη/με μόλυβδο.

SEHENSWERTES

Wann ist das Museum geöffnet?	’potä ’inä äni’chto to mu’sio?	Πότε είναι ανοιχτό το μουσείο;
Wann beginnt die Führung?	’potä ar’chisi i ksä’najisi?	Πότε αρχίζει η ξενάγηση;
Altstadt	to istori’ko ’kändro	το ιστορικό κέντρο
Ausstellung	i ’äkθäsi	η έκθεση
Eintrittskarte	to isi’tirio	το εισιτήριο
Gottesdienst	i litur’jia	η λειτουργία
Kirche	i’ äkli’sia	η εκκλησία
Palast	to pa’lati	το παλάτι
Rathaus	to ðimar’chio	το δημαρχείο
offen/geschlossen	ani’chto/kli’sto	ανοιχτο/κλειστό
Eingang/Ausgang	i ’isoðos/i ’äksoðos	η είσοδος/η έξοδος

DATUMS- & ZEITANGABEN

Montag/Dienstag	ðä’ftära/’triti	Δευτέρα/Τρίτη
Mittwoch/Donnerstag	tä’tarti/’pämpti	Τετάρτη/Πέμπτη
Freitag	paraskä’wi	Παρασκευή
Samstag/Sonntag	’sawato/kiria’ki	Σάββατο/Κυριακή
Heute/Morgen	‘simära/‘awrio	Σήμερα/Αύριο
täglich	’kaθä ’mära	κάθε μέρα
Wie viel Uhr ist es?	ti ’ora ’inä?	Τι ώρα είναι;
Es ist …	i ’ora ’inä …	Η ώρα είναι …
… 3 Uhr.	… tris.	… τρεις.
… Viertel nach 3.	… tris kä ’tätarto.	… τρεις και τέταρτο.
… halb 4.	… tris kä mi’si.	… τρεις και μισή.
… Viertel vor 4.	… ’täsäris pa’ra ’tätarto.	… τέσσερις παρά τέταρτο.

ESSEN & TRINKEN

Bitte die Speisekarte!	paraka’lo tonka’talogo faji’ton!	Παρακαλώ τον κατάλογο φαγητών!
Ich nehme …	θa ’paro …	Θα πάρω …
Bitte ein Glas …	paraka’lo, ’äna po’tiri …	Παρακαλω, ένα ποτήρι …
Besteck	ta machäro’piruna	τα μαχαιροπίρουνα
Messer/Gabel	ma’chäri/pi’runi	Μαχαίρι/Πηρούνι
Löffel/Teelöffel	ku’tali/kuta’lakki	Κουτάλι/Κουταλάκι
scharf	kaftä’ros	καυτερός
vegetarisch	chortofagi’kos	χορτοφαγικος
Trinkgeld	to filo’ðorima	το φιλοδώρημα
Bezahlen, bitte.	paraka’lo, na pli’rosso.	Παρακαλώ, να πληρώσω.

SPRACHFÜHRER

EINKAUFEN

Ich möchte …	'θälo …	θέλω …
Das gefällt mir nicht.	af'to ðän mu a'rässi.	Αυτό δεν μου αρέσει.
Haben Sie …?	'ächätä …	'Εχετε …;
Wie viel kostet es?	'posso ko'stisi?	Πόσο κοστίζει;
Nehmen Sie Kreditkarten?	'pärnätä pistoti'käs 'kartäs?	Παίρνετε πιστωτικές κάρτες;
Wo finde ich …	pu θa wro …?	Πού θα βρω …;
… die Apotheke?	… to farma'kio?	… το φαρμακείο
… die Bäckerei?	… to artopo'lio?	… το αρτοπωλείο
… den Markt?	… i ago'ra?	η αγορά;

ÜBERNACHTEN

Ich habe bei Ihnen ein Zimmer reserviert.	'äðo sä sas 'äklissa 'äna ðo'matjo.	Εδώ σε σας έκλεισα ένα δωμάτιο.
Haben Sie noch Zimmer frei?	'ächätä a'kommi ðo'matja ä'läfθära?	Έχετε ακόμη δωμάτια ελεύθερα;
Was kostet das Zimmer mit Frühstück?	'posso ko'stisi to ðo'matjo mä proi'no?	Πόσο κοστίζει το δωμάτιο με πρωινό;

PRAKTISCHE INFORMATIONEN

Können Sie mir einen guten Arzt empfehlen?	bo'ritä na mu siss'tissätä 'änan ka'lo ja'tro?	Μπορείτε να μου συστήσετε έναν καλό γιατρό;
Ich habe hier Schmerzen.	ä'ðo 'ächo 'ponnus.	Εδώ έχω πόνους.
Briefmarke	to grama'tosimo	το γράμματόσημο
Postkarte	to tachiðro'mio i 'karta	το ταχυδρομείο η κάρτα
Wo ist hier bitte eine Bank?	'pu i'parchi ä'ðo 'trapäsa?	Πού υπάρχει εδώ τράπεζα;
Geldautomat	to mi'chanima af'tomatis sinala'jis	το μηχάνημα αυτόματης συναλλαγής

ZAHLEN

1	'äna	ένα	10	'ðäka	δέκα
2	'ðio	δύο	11	'ändäka	έντεκα
3	'tria	τρία	12	'ðoðäka	δώδεκα
4	'tässära	τέσσερα	20	'ikossi	είκοσι
5	'pändä	πέντε	50	pä'ninda	πενήντα
6	'äksi	έξι	100	äka'to	εκατό
7	ä'fta	εφτά	1000	'chilia	χίλια
8	o'chto	οχτώ	1/2	to 'äna 'ðäftäro	(το) ένα δεύτερο
9	ä'näa	εννέα	1/4	to 'äna 'tätarto	(το) ένα τέταρτο

Windmühle in Skinári auf Zákinthos

> UNTERWEGS AUF ZÁKINTHOS, ITHÁKI, KEFALLONIÁ UND LÉFKAS

Die Seiteneinteilung für den Reiseatlas finden Sie auf dem hinteren Umschlag dieses Reiseführers

REISE ATLAS

A
B
C
1
2
3
4
5
6
4km
Lefkada
Λευκαδα
Akr. Gyrapetra
Ormos Fleva (Varko)
Ag. Marina
Αγ. Μαρινα
Lefka
Λευκ
Akr. Ag. Ioannis
Panagia Vlacherna
Ag. Ioannis
Fryni
Φρυνι
Tsoukalades
Τσουκαλαδες
Moni Faneromenis
Apolpaina
Απολπαινα
Kaligoni
Paralia Pefkoulia
Ormos Ag. Nikita
Archaia Nerikos
Ag. Nikitas
Αγ. Νικητας
Akr. Ag. Nikitas
Kavallos
Καβαλλος
Pal. Karyotes
Παλ. Καρυωτες
Kathisma
Καθησμα
Asprogerakata
Ασπρογερακατα
Spanochori
Σπανοχωρι
Lazarata
Λαζαρατα
Drimonas
Δρυμωνας
Katouna
Κατουνα
Pinakochori
Πινακοχωρι
Pigadisanoi
Πηγαδησανοι
Exantheia
Εξανθεια
Moni Ag. Ioannou
Karya
Καρυα
Alexandros
Αλεξανδρος
Kalamitsi
Καλαμιτσι
Kollyvata
Κολλυβατα
Platystoma
Πλατυστομα
Ag. Georgios
Moni Ag. Georgiou
Pr. Ilias
Ag. Konstantinos
Egklouvi
Εγκλουβη
Kokkini Ekklisia
Vafkeri
Βαυκερη
Ag. Donatos
Ag. Nikolaos
Chortata
Χορτατα
Ag. Sotiras
Moni Ag. Asomaton
Margariti
Μαργαριτι
Pachi
Παχι
Ag. Theodoroi
Αγ. Θεοδωροι
Oros Elati
Komilio
Κομηλιο
Neochori
Νεοχωρι
Nydri
Νυδρι
Stavrotas
Koloni
Κολωνι
Ag. Vasileios
Αγ. Βασιλειος
Ag. Christoforos
Αγ. Χριστοφορος
Sesoula
Manasi
Μαναση
Ag. Ilias
Αγ. Ηλιας
Charadiatika
Χαραδιατικα
Dragano
Δραγανο
Panochori
Πανωχωρι
Nikolis
Νικολης
Alatro
Αλατρο
Vlycho
Βλυχο
Ormos Vlychou
Geni
Γενι
Roupakias
Ρουπακιας
Syvros
Συβρος
Ag. Thomas
Athani
Αθανι
Spilia Karoucha
Katochori
Κατωχωρι
Gyalos
Γυαλος
Vournikas
Βουρνικας
Ag. Paraskevi
Agios Petros
Αγιος Πετρος
Ag. Ioannis
Fterno
Φτερνο
Fteri
Φτερη
Analipsis
Pyrgi
Πυργι
Egkremnoi
Egkremnoi
Εγκρεμνοι
Moni Ag. Ioannou
Mykros Gialos
Μικρος Γυαλος
Poros
Πορος
Ponti
Ποντη
Ag. Georgios
Ag. Taxiarches
Marantochori
Μαραντοχωρι
Mega Vouno
Vasiliki
Βασιλικη
Kontaraina
Κονταραινα
Syvota
Συβοτα
Ormos Rouda
Ag. Dimitrios
Efgiros
Ευγηρος
Akr. Trachilos
Ormos Vasilikis
Chiorospilia
Ormos Syvoton
Kalo Oros
Pefkovounia
Porto Katsiki
Πορτο Κατσικι
Agiofylli
Ammoudia
Αμμουδια
Akr. Kastri
Ormos Ammousa
Ormos Afteli
Ormos Xylokeratidi
Ag. Nikolaos Niras
Moni Ag. Nikolaou
Akr. Logki
Akr. Lipso
Akr. Lefkatas (Doukato)
Arkoudi
Αρκουδι
Fiskardo
Frikes
Steno Meganisi
113

D
E
F
1
2
3
4
5
6
Limnī
Voulkaria
Monastīrakion
Μοναστηρακιον
Thyrrheion
Lamia
396
1193
18
633
Peratia
Περατια
Stenon
Στενο
Sklavaina
Σκλαυαινα
Plagia
Πλαγια
504
Pogōnia
Πογωνια
Nea Plagia
Νεα Πλαγια
Paleros
Παλαιρος
Ormos
Palerou
Ορμος
Παλαιρου
Serekas
Σερεκας
1040
Ormos
Nerokratīma
Moni Ag. Dimītriou
Akr. Kefalī
Ag. Nikolaos
1171
Spartī
Skorpidi
Kandīla
Κανδηλα
Skorpios
572
Akr. Makrya
Ormos Ampelakia
Ormos Vathy
Ormos Spilia
Ormos Atherinos
Akr. Elia
Akr. Kamīlafka
Ag. Nektarios
Vathy
Βαθυ
Ormos Elia
Akr. Lagkada
Ormos
Mytika
Mytikas
Μυτικας
Episkopī
Επισκοπη
Katōmeri
Κατωμερι
172
Akr. Trakhilos
675
Ormos
Kalopoulou
Meganīsi
Μεγανησι
Kalamos
Καλαμος
Ormos Svarna
Kakī Skala
Kalamos
Καλαμος
596
Ormos
Gerolimnionas
144
213
Petalou
140
Akr. Kefa ī
Kythros
106
Kastos
Καστος
IONIO PELAGOS
Formikoula
Kastos
Καστος
ΙΟΝΙΟ ΠΕΛΑΓΟΣ

A
B
C
Gaios
1
2
3
4
5
6
4km
IONIO PELAGOS
ΙΟΝΙΟ ΠΕΛΑΓΟΣ
Kefallonia
Κεφαλλονια
Akr. Dafnoudi
Antiparata
Αντιπαρατα
Manganos
Μαγγανος
Agrilias
Αγριλιας
Tzamarellata
Τζαμαρελλατα
Vigli
Βιγλι
Vasiliki
Βασιλικ
Drapanitika
Δραπανιτικα
Ormos Asou
Frourio Assou
Drako
Δρακοπο
Asos
Ασος
Akr. Atheras
Ormos Athera
Akr. Kakata
Akr. Asprokavos
Ormos Myrtos
Ορμος Μυρτος
Ormos Myrtou
Akr. Ag. Kyriakī
221
350
Ag. Spyridōn
Αγ. Σπυριδων
Akr. Ag. Iōannīs
Ormos Ag. Kyriakīs
518
Ag. Iōannīs
Atheras
Αθερας
Zola
Ζολα
Drakata
Δρακατα
Loukata
Λουκατα
Potamianata
Ποταμιανατα
Makry
Μακρυ
455
Agkōnas
Αγκωνας
806
250
Nifi
Νιφι
Petrikata
Πετρικατα
188
Riza
Ριζα
Kardakata
Καρδακατα
924
Ormos Pethanī
Akr. Ortholithia
Vovykes
Βοβυκες
Ormos Argostoliou
Livadi
Λιβαδι
Kontogourata
Κοντογουρατα
Vilatoria
Βιλατορια
Kontogenada
Κοντογεναδα
Kourouklata
Κουρουκλατα
943
Ag. Theklī
Αγ. Θεκλη
Kouvalata
Κουβαλατα
180
Evmorfia
1043
Skineas
Σκινεας
Damoulianata
Δαμουλιανατα
18
16
2
Parisata
Παρισατα
Monopolata
Μονοπολατα
Ag. Dīmītrios
Αγ. Δημητριος
Dilinata
Διλινατα
Ορμος Αργοστολιου
Moni Kechrionos
Farsa
Φαρσα
Kaminarata
Καμιναρατα
Mantoukata
Μαντουκατα
Dafgata
Δαυγατα
846
Favata
Φαβατα
Kīpouria
Κηπουρια
Moni Ag. Paraskevī Tafiou
Katerelata
Κατερελατα
Līxouri
Ληξουρι
Faraklata
Φαρακλατα
Chavdata
Χαβδατα
Katavothres
Καταβοθρες
ELPA
Moni Y. Th. Kipourion
Typaldata
Τυπαλδατα
Argostoli
Αργοστολι
186
Soullaroi
Σουλλαροι
Michalitsata
Μιχαλιτσατα
50
Razata
Ραζατα
Lagkadakia
Λαγκαδακια
Moni Prof. Ilias
Akr. Skinos
Ag. Nikólaos
Kyllini
112
112

110

D
E
F
1
2
3
4
5
6
Akr. Melissa
Vasiliki
Nydri
Akr. Ag. Nikolaou
Ormos Afales
Akr. Exōgī
Vliōtīs
Fiskardo
Φισκαρδο
Ormos Fiskardo
Exōgī
Εξωγη
Ag. Saranta
Αγ. Σαραντα
Ormos Frikōn
Akrōtīri
Platrithias
Πλατρειθιας
Frikes
Φρικες
Kioni
Κιονι
Ormos Kioniou
Rachi
Ραχη
Stavros
Σταυρος
Akr. Psdadi
Tselentata
Τσελεντατα
Spīlaio Louzou
Archaia Polī
Efretī
Ευρετη
Ormos Polī
Ormos Doulicha
Akr. Ag. Īlias
Steno Ithakīs
Oros Neritos
Konidarata
Κονιδαρατα
Anōgī
Ανωγη
Akr. Chondrī Pounta
Astakos
Lefkī
Λευκη
Mesovounia
Μεσοβουνια
Ithakī
Ιθακη
Akr. Kentr
Ag. Iōannīs
Αγ. Ιωαννης
Monī Kathara
Akr. Skinos
Plagia
Πλαγια
Ormos Skinos
Agros
Αγρος
Akr. Gidakiou
Vary
Βαρυ
Kolpos Mōlou
Akr. Remanta
Karya
Καρυα
Kalo Limani
Vathy
Βαθυ
Ormos Filiatro
Ag. Sofia
Αγ. Σοφια
Kastro Odiseos
Dexia
Δεξια
Akr. Sarakiniko
Platy Limani
Στενον Ιθακης
Spīlaio Nymfōn
Ormos Sarakiniko
Komitata
Κομιτατα
Alalkomenes
Perachōri
Περαχωρι
Chagiana
Ormos Pisaītou
Ormos Kaminia
Kalon Oros
Neochōri
Νεοχωρι
Monī Taxiarchī
Pera Pīgadi
Monī Anatolikou
Marathias
Ormos Pera Pīgadia
Antypata
Αντυπατα
Marathias
Monī Ag. Iōannis
Akr. Ag. Ioannis
Xiropotamos
Ξηροποταμος
Ormos Ag. Iōannou
Ag. Evfīmia
Αγ. Ευφημια
Ormos Mazi
Ormos Andri
Akr. Ag. Andreou
Ormos Ag. Evfīmias
Monī Thematōn
Akr. Dichalia
Ormos Samīs
Patrai
Dichalia
Δηχαλια
Ormos Antisamīs
Spīlaio Melissanī
Ορμος Σαμης
Karavomylos
Καραβομυλος
Samī
Σαμη
Monī Agriliōn
Akr. Plateia Pounta
Poulata
Πουλατα
Akr. Makria Pounta
Spīlaio Drogkoretī
Katapodata
Κατapoδατα
Ormos Koutsoupia
Chaliōtata
Χαλιωτατα
Grizata
Γριζατα
Akr. Kalamaki
Zervata
Ζερβατα
Mouzakata
Μουζακατα
Kouvalata
Κουβαλατα
Kokkini Rachi
Akr. Makria Petra
Giouperi
Valsamata
Βαλσαματα
Monī Ag. Gerasimou

115

A
B
C
112
2
24
9
50
1
2
3
4
5
6
Parisata
Παρισατα
Mantoukata
Μαντουκατα
Favata
Φαβατα
Katerelata
Κατερελατα
Chavdata
Χαβδατα
Typaldata
Τυπαλδατα
Soullaroi
Σουλλαροι
Chavriata
Χαβριατα
Vouni
Βουνι
Mantzavinata
Μαντζαβινατα
Ag. Nikólaos
Akr. Skinos
Ormos Vatsa
Akrōtīri
Kounopetra
Κουνοπετρα
Lagkadakia
Λαγκαδακια
Vardiani
Ormos Vatsa
Ag. Dīmītrios
Αγ. Δημητριος
Monī Kechrionos
Ορμος Αργοστολιου
Farsa
Φαρσα
Līxouri
Ληξουρι
Katavothres
Καταβοθρες
Michalitsata
Μιχαλιτσατα
Lepeda
Λεπεδα
Ag. Paraskevī
Akr. Ag. Geōrgios
Lassī
Λασση
Xi
Ξι
Mega Lakos
Μεγα Λακος
Makrys Gialos
Μακρυς Γιαλος
Makrys Gialos
Platys Gialos
Kompothekrata
Κομποθεκρατα
Minia
Μηνια
Aerolimenas Kefallonia
Akr. Ag. Nikolaou
Lakithra
Λακηθρα
Svorōnata
Σβορωνατα
Ormos Ammes
Ammes
Αμμες
Akr. Ag. Pelagia
Dilinata
Διλινατα
Dafgata
Δαυγατα
846
1000
Faraklata
Φαρακλατα
ELPA
Argostoli
Αργοστολι
673
Razata
Ραζατα
510
Monī Prof. Ilias
Fragkata
Φραγκατα
Monī Ag. Paraskevīs
Kranī
Trōianata
Τρωιανατα
Spīlia
Σπηλια
Ag. Gerassimou
Demoutsanata
Δεμουτσανατα
647
Mitakata
Μιτακατα
Kokolata
Κοκολατα
Kastro
Ag. Geōrgiou
Peratata
Περατατα
242
Menegata
Μενεγατα
Monī Ag. Andreas
Metaxata
Μεταξατα
Keramies
Κεραμιες
Domata
Δοματα
Klismata
Κλισματα
Kalīgata
Καληγατα
Spartia
Σπαρτια
Koriana
Κοριανα
Ormos Avythos
110
Akr.
Theionīsi
78
Kefallonia
Κεφαλλονια
IONIO PELAGOS
ΙΟΝΙΟ ΠΕΛΑΓΟΣ
4km

D
E
F
113
Ormos Koutsoupia
Akr. Kalamaki
Katapodata
Καταποδατα
988
Grizata
Γριζατα
Zervata
Ζερβατα
Mouzakata
Μουζακατα
1060
Kokkini Rachi
1078
Akr. Makria Petra
Kouvalata
Κουβαλατα
Gioupari
1125
Moni Ag. Gerasimou
Tsarkasianos
Τσαρκασιανος
Digaleto
Διγαλετο
Agios Nikolaos
Αγιος Νικολαος
Avythos
Charakt
Χαρακτ
Michata
Agios Eleftherios
Αγιος Ελευθεριος
1312
Ethn. Drymos Ainou
Enos Oros
Αινος Ορος
Enos
1628
Moni Atrou
895
Akr. Atro
Ormos Porou
Poros
Πορος
Kyllini
Zakynthos
Akr. Pronnou
Ormos Gonies
Andriolata
Ανδριολατα
268
Tzanata
Τζανατα
403
Xenopoulo
Ξενοπουλο
Poriarata
Ποριαρατα
Vlachata
Βλαχατα
Agia Eirini
Αγια Ειρηνη
Akr. Cheroulaki
Annitata
Αννιτατα
Akr. Kapri
Kapandriti
Καπανδριτι
Simotata
Σιμοτατα
Lourdata
Λουρδατα
Ormos Lourda
Ορμος Λουρδα
Moni Sision
Kornellos
Κορνελλος
Asprogerakas
Ασπρογερακας
Arginia
Αργινια
Ag. Georgios
Αγ. Γεωργιος
Pastra
Παστρα
Proni
Spathi
Σπαθι
Plateiai
Πλατειαι
Atsoupades
Ατσουπαδες
Kolaitis
Κολαιτης
Kremydi
Κρεμυδι
Faniai
Φανιαι
Valeriano
Βαλεριανο
Chionata
Χιονατα
Aleimata
Αλειματα
Thiramonas
Θηραμονας
Markopoulo
Μαρκοπουλο
Ratzakli
Ρατζακλι
Skala
Σκαλα
Akr. Koronis
Akr. Apalochera
Mavrata
Μαυρατα
Kato Katelios
Κατω Κατελειος
Akr. Katelios
Ormos Kateleiou
Akr. Mounta
Patrai
Kyllini
Agios Nikolaos
Akr. Skinari
Galazia Spilia
Korithi
Κοριθι
Zakynthos
Ζακυνθος
116
1
2
3
4
5
6

115

A
B
C
1
2
3
4
5
6
Brindisi
Pessada
Akr. Skinari
Korithi
Κοριθι
Galazia Spilia
Ormos Skinari
Ag. Nikolaos
Askos
Ασκος
Ag. Andreas
Moni Ag. Nikolaou
Asteri
582
Moni Ag. Andrea
Mikronisi
Makrys Gialos
Skinario
Σκιναριο
Akr. Katastari
Volimes
Βολιμες
Ano Volimes
Ανω Βολιμες
Ag. Thekla
Αγ. Θεκλα
Spilia Gerasimou
Xyngia Spilia
Navagiou
Koroni
Κορωνη
Moni Ag. Georgiou
394
Ormos Alikon
Anafonitria
Αναφωνητρια
Orthonies
Ορθωνιες
Moni Spilaiotissas
Alykes
Akr. Plemonari
Moni Ag. Ioannou Prodromou
Alykes
Αλυκες
Akr.
Moni Anafonitrias
Alika
Αλικ
Chartata
Χαρτατα
7,5
485
Alonia
Αλωνια
Katastari
Κατασταρι
Ag. Ioannis
Pigadakia
Πηγαδακια
Ormos Vromi
Maries
Μαριες
Vrachionas
756
Kallithea
Καλλιθεα
Kato Ger
Κατω Γερ
Ormos Stenitis
Stenitis
Στενιτης
Spilia Chagioti
Mavri Spilia
Skoulikado
Σκουλικαδο
Exo Chora
Εξω Χωρα
Gyri
Γυρι
Drakas
Δρακας
Ag. Dimitr
Αγ. Δημητρι
Megali Spilia
Ormos Shiza
Ag. Marina
Αγ. Μαρινα
Meg.
Μεγ
Kampi
Καμπι
Loucha
Λουχα
Ag. Pantes
Αγ. Παντες
Moni Yperagathou
Fiolitis
Φιολιτις
Ag. Leontas
Αγ. Λεοντας
Melinad
Μελιναδ
Machera
Μαχερ
Ormos Katevasma
Kiliomeno
Κιλιωμενο
Moni Ag. Ma
Ormos Limniona
259
Limnionas
Λιμνιωνας
Pant
Παντ
Zakynthos
Ζακυνθος
Korakonisi
Agalas
Αγαλας
IONIO PELAGOS
Spilia Damianou
352
ΙΟΝΙΟ ΠΕΛΑΓΟΣ
4km
Akr. Ker
Ak

D
E
F
1
2
3
4
5
6
Diavlos Zakynthou
Διαυλος Ζακυνθος
Poros
Kyllini
Psarou
Drosia
Pachynammos
Ampoula
Gerakari
Γερακαρι
Akr. Gaidaros
Tragaki
Tsilivi
Kypseli
Κυψελη
Planos
Πλανος
Tsilivi
Τσιλιβη
Ag. Ioannis
Kalipado
Καλιπαδο
Marinaika
Μαριναικα
Akr. Krioneri
Vanato
Βανατο
Bochali
Μποχαλη
Akrotiri
Ακρωτηρι
Ag. Kirikos
Αγ. Κηρικος
Gaitani
Γαιτανι
Kiloni
Κιλωνι
ELPA
Zakynthos
Ζακυνθος
Lagoi
Λαγοι
Goulaika
Γουλαικα
Xifytas
Ξιφυτας
18
Prof. Ilias
Προφ. Ιλιας
Ampelokipoi
Αμπελοκιποι
Argasi
Argasi
Αργασι
Panagoula
Παναγουλα
Ag. Athanasios
Αγ. Αθανασιος
Aerolimenas Zakynthos
Akr. Davia
Ag. Dinati
Αγ. Δινατη
Donato
Δονατο
35
Romiri
Ρομιρι
23
Agrilia
Αγριλια
Kalamaki
Καλαμακι
492
Xirokastello
Ξηροκαστελλο
Porto Zoro
Moni Skopiotissas
Ano Vasilikos
Ανω Βασιλικος
Sarakina
Kalamaki
Sekania
Akr. Ag. Nikolaou
Ag. Nikolaou
1
Laganas
Λαγανας
Mavratzi
Dafni
Vasilikos
Βασιλικος
Akr. Kalogkera
Laganas
Porto Roma
Πορτο Ρωμα
Ag. Sostis
Kolpos Lagana
Pelouzo
Geraka
Porto-Koukla
35
Limni Keriou
Λιμνη Κεριου
Κολπος Λαγανα
Akr. Gerakas
Ormos Keriou
Marathonisi
Skopos
413
Keri
Κερι

KARTENLEGENDE

Autobahn · Gebührenpflichtige Anschlussstelle · Gebührenstelle · Anschlussstelle mit Nummer · Rasthaus mit Übernachtung · Raststätte · Erfrischungsstelle · Tankstelle · Parkplatz mit und ohne WC	Trento 11	Motorway · Toll junction · Toll station · Junction with number · Motel · Restaurant · Snackbar · Filling-station · Parking place with and without WC
Autobahn in Bau und geplant mit Datum der Verkehrsübergabe	Datum Date	Motorway under construction and projected with completion date
Zweibahnige Straße (4-spurig)		Dual carriageway (4 lanes)
Fernverkehrsstraße · Straßennummern	14 E45	Trunk road · Road numbers
Wichtige Hauptstraße		Important main road
Hauptstraße · Tunnel · Brücke		Main road · Tunnel · Bridge
Nebenstraßen		Minor roads
Fahrweg · Fußweg		Track · Footpath
Wanderweg (Auswahl)		Tourist footpath (selection)
Eisenbahn mit Fernverkehr		Main line railway
Zahnradbahn, Standseilbahn		Rack-railway, funicular
Kabinenschwebebahn · Sessellift		Aerial cableway · Chair-lift
Autofähre		Car ferry
Personenfähre		Passenger ferry
Schifffahrtslinie		Shipping route
Naturschutzgebiet · Sperrgebiet		Nature reserve · Prohibited area
Nationalpark, Naturpark · Wald		National park, natural park · Forest
Straße für Kfz. gesperrt		Road closed to motor vehicles
Straße mit Gebühr		Toll road
Straße mit Wintersperre	XII-II	Road closed in winter
Straße für Wohnanhänger gesperrt bzw. nicht empfehlenswert		Road closed or not recommended for caravans
Touristenstraße · Pass	Weinstraße 1510	Tourist route · Pass
Schöner Ausblick · Rundblick · Landschaftlich bes. schöne Strecke		Scenic view · Panoramic view · Route with beautiful scenery
Heilbad · Schwimmbad		Spa · Swimming pool
Jugendherberge · Campingplatz		Youth hostel · Camping site
Golfplatz · Sprungschanze		Golf-course · Ski jump
Kirche im Ort, freistehend · Kapelle		Church · Chapel
Kloster · Klosterruine		Monastery · Monastery ruin
Schloss, Burg · Schloss-, Burgruine		Palace, castle · Ruin
Turm · Funk-, Fernsehturm		Tower · Radio-, TV-tower
Leuchtturm · Kraftwerk		Lighthouse · Power station
Wasserfall · Schleuse		Waterfall · Lock
Bauwerk · Marktplatz, Areal		Important building · Market place, area
Ausgrabungs- u. Ruinenstätte · Feldkreuz		Arch. excavation, ruins · Calvary
Dolmen · Menhir · Nuraghen		Dolmen · Menhir · Nuraghe
Hünen-, Hügelgrab · Soldatenfriedhof		Cairn · Military cemetery
Hotel, Gasthaus, Berghütte · Höhle		Hotel, inn, refuge · Cave
Kultur		**Culture**
Malerisches Ortsbild · Ortshöhe	WIEN (171)	Picturesque town · Elevation
Eine Reise wert	★★ MILANO	Worth a journey
Lohnt einen Umweg	★ TEMPLIN	Worth a detour
Sehenswert	Andermatt	Worth seeing
Landschaft		**Landscape**
Eine Reise wert	★★ Las Cañadas	Worth a journey
Lohnt einen Umweg	★ Texel	Worth a detour
Sehenswert	Dikti	Worth seeing
Ausflüge & Touren		**Excursions & tours**

10 € GUTSCHEIN
für Ihr persönliches Fotobuch*!

Gilt aus rechtlichen Gründen nur bei Kauf des Reiseführers in Deutschland und der Schweiz

SO GEHT'S: Einfach auf www.marcopolo.de/fotoservice/gutschein gehen, Wunsch-Fotobuch mit den eigenen Bildern gestalten, Bestellung abschicken und dabei Ihren Gutschein mit persönlichem Code einlösen.

Ihr persönlicher Gutschein-Code: mpy92k3eys

Zum Beispiel das MARCO POLO FUN A5 Fotobuch für 7,49 €.

* Dies ist ein spezielles Angebot der fotokasten GmbH. Der Gutschein ist einmal pro Haushalt/Person einlösbar. Dieser Gutschein gilt nicht in Verbindung mit weiteren Gutscheinaktionen. Eine Barauszahlung ist nicht möglich. Gültig bis 31.12.2013. Der Gutschein kann auf www.marcopolo.de/fotoservice/gutschein auf alle Fotobuch-Angebote und Versandkosten (Deutschland 4,95 €, Schweiz 9,95 €) der fotokasten GmbH angerechnet werden. powered by fotokasten

www.marcopolo.de/fotoservice/gutschein

REGISTER

Im Register sind alle Inseln und Orte verzeichnet sowie einige zusätzliche Stichworte. Halbfette Seitenzahlen verweisen auf den Haupteintrag, kursive auf ein Foto.

> SCHREIBEN SIE UNS!

Liebe Leserin, lieber Leser,

wir setzen alles daran, Ihnen möglichst aktuelle Informationen mit auf die Reise zu geben. Dennoch schleichen sich manchmal Fehler ein – trotz gründlicher Recherche unserer Autoren/innen. Sie haben sicherlich Verständnis, dass der Verlag dafür keine Haftung übernehmen kann.

Wir freuen uns aber, wenn Sie uns schreiben.

Senden Sie Ihre Post an die MARCO POLO Redaktion, MAIRDUMONT, Postfach 31 51, 73751 Ostfildern, info@marcopolo.de

IMPRESSUM

Titelbild: Insel Kefalloniá, Fiskardo, Hafen (Huber: Ripani)
Fotos: K. Bötig (3 l., 19, 123); Diving Center Turtle Beach/Jürgen Schierholz: Karsten Pöllny (12 u.); Foivos Sa: S. Orkopoulos (15 o.); James Gibson (13 u.); Fotini Giannoulis (14 u.); © fotolia.com: Dimitrijs Dmitrijevs (89 u. r.), Kurt Duchatschek (88 M.l.), Cate Frost (88 o. l.), Hunta (89 o. l.), Markus Kleine (15 u.), Tein (88 M.r.); R. Hackenberg (4 l., 8/9, 16/17, 36/37, 41, 71, 77); HB Verlag: Fabig (3 M., 20, 22, 23, 29, 30/31, 32, 43, 44/45, 47, 50/51, 54, 56, 59, 67, 68, 80, 87, 94/95); R. Hicker (2 l.); Huber: Mehlig (64, 74), Ripani (1), Giovanni Simeone (6/7, 24/25, 62/63, 90/91); © iStockphoto.com: Connie Alexander (15 M.), Horst Puschmann (88 u. r.), Mark Weiss (89 M.r.); Laif: Caputo (U. M., 5, 73, 108/109); Bobby Lefrouis (89 M.l.); Look: Terravista (82/83); Mauritius: Bibikow (28); Mauritius/Imagebroker: Eisele-Hein; Naundorf/Siegmann (U. l., U. r., 2 r., 4 r., 11, 22/23, 28/29, 35, 38, 49, 52, 61, 79, 84/85, 93, 97); Naundorf/Siegmann/Komis Restaurant (27); Okapia/ BIOS: Gunther (70); Schuster: Beaudu (3 r.); Tsimaras Hotels (14 o.); Nicole Wagenstetter (12 o.); Zante Weddings: Nikos Kalimeris (13 o.)

9., aktualisierte Auflage 2009

Chefredaktion: Michaela Lienemann, Marion Zorn
Autor: Klaus Bötig; Redaktion: Arnd M. Schuppius
Programmbetreuung: Jens Bey, Silwen Randebrock; Bildredaktion: Barbara Schmid, Gabriele Forst
Szene/24h: wunder media, München
Kartografie Reiseatlas: © MAIRDUMONT, Ostfildern
Innengestaltung: Zum goldenen Hirschen, Hamburg; Titel/S. 1–3: Factor Product, München
Sprachführer: in Zusammenarbeit mit Ernst Klett Sprachen GmbH, Stuttgart, Redaktion PONS Wörterbücher

Printed in Germany. Gedruckt auf 100% chlorfrei gebleichtem Papier

FÜR IHRE NÄCHSTE REISE

Ihre Reisecheckliste

Haben Sie alles im Gepäck?

- ○ Reiseunterlagen (Tickets, Buchungsbelege, Bestätigungen)
- ○ ELVIA Reiseschutz
- ○ Impfausweis
- ○ Krankenkassenkarte
- ○ Reisepass
- ○ Führerschein
- ○ Kopien aller Papiere (zur Sicherheit)
- ○ Einreise-Visum (falls erforderlich)
- ○ Wichtige Telefonnummern
- ○ Bank-, Kreditkartensperrnummern
- ○ Kredit- bzw. ec-Karten
- ○ Medikamente / Reiseapotheke
- ○ Kulturbeutel (evtl. Kontaktlinsenmittel, Gehörschutz, Kondome)

- ○ Sonnenbrille, Ersatzbrille
- ○ Fotoapparat, Videokamera
- ○ Adapter für Fön, Rasierer
- ○ Sonnencreme
- ○ Reisewaschmittel
- ○ Nähzeug
- ○ Wörterbuch
- ○ Lieblingslektüre
- ○ MP3- und / oder CD-Player
- ○ Straßenkarte

> UNSER AUTOR

MARCO POLO Insider Klaus Bötig im Interview

Klaus Bötig ist durch zahlreiche Veröffentlichungen als ein Kenner Griechenlands bekannt. Er bloggt u. a. auf *www.inseln-greece.de*.

Seit wann kennen Sie Zákinthos?

Zum ersten Mal war ich 1976 auf Zákinthos und seinen Nachbarinseln. Seitdem bin ich jedes Jahr mindestens einmal dort für mehrere Wochen unterwegs.

Was reizt Sie an den Inseln?

An Kefalloniá und Itháki reizen mich die Wildheit der Natur, die rauen Berge und die schönen Dörfer. Auf Zákinthos gefällt mir die elegante Stadt besonders gut, auf Léfkas schätze ich die Steilküsten und die vielen Buchten.

Und was mögen Sie an ihnen nicht so?

Auf Zákinthos meide ich die von jungen, nicht gerade gut erzogenen Briten dominierten Orte Laganás und Argássi, die im Sommer aufgeblasenen Luftballons und im Winter Geisterstädten wie im Wilden Westen gleichen. Auf Zákinthos stört mich auch, dass viele Einheimische noch immer ihr Portemonnaie für wichtiger halten als den Schutz der Meeresschildkröten. Überhaupt: Das griechische Umweltbewusstsein lässt sehr zu wünschen übrig.

Was machen Sie beruflich?

Ich lebe meist in, ziemlich für und überwiegend von Griechenland. Außer Reiseführern schreibe ich für Fachzeitschriften, Tageszeitungen und Illustrierte und veröffentliche fast jede Woche einen Reisebericht in der in Athen erscheinenden, deutschsprachigen „Griechenland-Zeitung". Zudem texte ich alljährlich die Hauptbroschüre der Griechischen Zentrale für Fremdenverkehr. Fest angestellt war ich nie, sondern immer Freiberufler.

Und in Ihrer Freizeit?

Ich trenne nicht wirklich zwischen Arbeit und Freizeit. Mein Leben ist eine Einheit – und auch mein Hobby. Jeder Tag in Griechenland ist von morgens bis abends ein Arbeitstag – anders würde mir das Leben keinen Spaß machen. Einmal im Jahr aber zieht es mich nach Indien. Und darüber schreibe ich nichts.

Sprechen Sie Griechisch?

Nach so vielen Jahren in Griechenland lernt selbst der Mußevollste die Landessprache. Gelernt habe ich sie wie ein Kind: durch Zuhören und Ausprobieren, Fehler machen und Praxis bekommen.

Mögen Sie die griechische Küche?

In Hellas ja. Besonders schätze ich gefüllte Zucchiniblüten, griechische Krautwickel, in Wein gekochten Oktopus und Spanferkel, wenn es ausnahmsweise einmal heiß serviert wird.

> BLOSS NICHT!

Touristenfallen gibt es kaum. Aber ein paar Dinge sollten Sie beachten

Drauflos fotografieren

Viele Griechen lassen sich gern fotografieren, hassen aber Urlauber, die sich wie Großwildjäger aufführen. Bevor Sie auf den Auslöser drücken, sollten Sie daher mit einem Lächeln das Einverständnis des oder der Auserkorenen einholen.

Übervorteilt werden

Wenn Sie sich übervorteilt fühlen, verlangen Sie für die gekaufte Ware oder Dienstleistung eine Rechnung und drohen Sie ruhig und gelassen damit, zur Touristenpolizei zu gehen. Hat Ihr Gegenpart ein schlechtes Gewissen, wird er es meistens nicht darauf ankommen lassen.

Sich vom Fischpreis überraschen lassen

Frischer Fisch ist in Restaurants und Tavernen schon seit Langem unverschämt teuer. Er wird meist nach Gewicht verkauft. Sie sollten sich den Kilopreis nennen lassen und beim Auswiegen dabei sein, um unangenehme Überraschungen beim Bezahlen zu vermeiden.

In Sandalen wandern

Auch auf kleinen Wanderungen sollten Sie keine Sandalen, sondern mindestens Turnschuhe tragen. Die Wege sind oft steinig und rutschig. Außerdem gibt es (auch giftige) Schlangen. Sie sind zwar selten und scheu, aber man weiß nie. Lange Hosen schützen vor Dornen.

Zu viel Haut zeigen

Am Strand und in den Badeorten sind Griechen nackter Haut gegenüber äußerst tolerant geworden. In Kirchen und Klöstern aber werden immer noch bedeckte Knie erwartet.

Nach Konkurrenten fragen

Griechen sind ziemlich ehrlich. Aber fragen Sie nie in einer Taverne nach einer anderen! Man wird Ihnen erzählen, es gebe sie nicht, der Wirt sei gestorben oder die Polizei habe sie geschlossen.

Altes und Antikes mitnehmen

Antiquitäten, alte Webarbeiten und Stickereien sowie alte Ikonen dürfen nur mit besonderer Genehmigung ausgeführt werden. Wer an antiken Stätten Steine aufhebt oder gar selbst zu graben beginnt, macht sich strafbar.

„Handmade" falsch verstehen

Die im Souvenirhandel erhältlichen Ikonen sind oft als „Handmade" ausgewiesen. Dabei handelt es sich aber meist nur um einen per Hand gearbeiteten Siebdruck und nicht um eine wirklich mit der Hand gemalte Ikone.

Asphaltstraßen verlassen

Wer mit dem Mietwagen den Asphalt verlässt, muss Schäden selbst bezahlen. Reifenschäden sind meist unversichert, selbst wenn man auf dem Asphalt bleibt.